Français interactif II
2019 Edition

0. Bienvenue!
1. Bonjour!
2. Me voici!
3. Les vacances en France
4. Les gens

5. Bon appétit!
6. La ville
7. Les fêtes
8. La maison
9. Médias et communications

10. Mode, forme et santé
11. Les études
12. La vie professionnelle
13. L'amour et l'argent
Carte du site

Abridged Edition for
Tompkins Cortland Community College

Printing provided through the State University of New York Press and SUNY OER Services

State University of New York Office of Library and Information Services
10 N Pearl St
Albany, NY 12207

Cover image by Alexander Naglestad on Unsplash at https://unsplash.com/photos/Av7NWX1-IYc

ISBN: 978-1-64176-084-3

Table of Contents

Center for Open Educational Resources and Language Learning

for an open world

Français interactif, _www.laits.utexas.edu/fi_, the web-based French program developed and in use at the University of Texas since 2004, and its companion site, **Tex's French Grammar** (2000) _www.laits.utexas.edu/tex_ are free open educational multimedia resources (OER), which require neither password nor fees. OER promote learning and scholarship for everyone, everywhere! **Français interactif**, used increasingly by students, teachers, and institutions throughout the world, includes 320 videos (American students in France, native French interviews, vocabulary and culture presentation videos) recorded vocabulary lists, phonetic lessons, online grammar lessons (600 pages) with self-correcting exercises and audio dialogues, online grammar tools (_verb conjugation reference, verb practice_), and diagnostic grammar tests. The accompanying text-book of classroom activities and homework is downloadable from the website in pdf format and available from the online publisher, _lulu.com_.

Français interactif was developed at the University of Texas Austin in the Department of French and Italian. It has been funded and created by Liberal Arts Instructional Technology Services at the University of Texas, and was financially supported by the U.S. Department of Education Fund for the Improvement of Post-Secondary Education (FIPSE Grant P116B070251) as an example of the open access initiative.

Fourth Edition

© 2019, Center for Open Educational Resources and Language Learning (COERLL)
ISBN: 978-1-937963-20-0
Library of Congress Control Number: 2017958422
Manufactured in the United States of America.

Contributors

Produced by   Department of French and Italian   Karen Kelton, Lower Division Coordinator, 2003-2006
University of Texas at Austin   Nancy Guilloteau, Lower Division Coordinator, 2006 -
COERLL   Carl Blyth, Lower Division Coordinator, 1993 - 2002

Web, design, multimedia, cms:
  Eric Eubank
  Rachael Gilg
  Nathalie Steinfeld

Developers:
  Carl Blyth
  Nancy Guilloteau
  Karen Kelton

Audio recording:
  Mike Heidenreich

Audio recording
  Phonetics:
  Jean-Pierre Montreuil

  Vocabulary lists:
  François Lagarde
  Nora Megharbi
  Cécile Rey
  Nicholas Bacuez

Video voice-overs
  Rudy DeMattos
  Aicha Ennaciri
  Franck Guilloteau
  Nora Megharbi

Graduate student developers
  Nora Megharbi
  Charles Mignot
  Lindsy Myers

Graduate students
  Nicholas Bacuez
  Simone Barilleaux
  Katy Branch
  Claire Burkhart
  Christine Deden
  Rudy DeMattos
  Emilie Destruel
  Robyn Falline
  Carolyn Hardin
  Elizabeth Hythecker
  Karen Jones
  Sabrina Parent
  Rachel Pate
  Robert Reichle
  Cécile Rey
  Bea Schleppe
  Ellenor Shoemaker
  Melissa Skidmore
  Julia Tyurina
  Meredith Wright

Linguistic consultation
  David Birdsong
  Jean-Pierre Cauvin
  James Davis (Univ of Arkansas)
  Knud Lambrecht
  Jean-Pierre Montreuil
  Dina Sherer

Support
  French and Italian, Former Chair:
  Dina Sherer
  French and Italian, Chair: Daniela Bini
  Liberal Arts ITS, Director: Joe TenBarge

Interviewees
  Stéphanie Pellet
  Franck Guilloteau
  Virginie Royer
  Jean-Charles Bossert
  Karen Burke
  Blake Dublin
  Laila Kiblawi

Inspiration
  UT students in the
  Lyon Summer Program:
  Relations Internationales,
  Université Jean Moulin Lyon 3
  Audrey and Camille Guilloteau
  Tex and Tammy

Photos
  Kim Espinosa
  Shannon Kintner
  Jillian Owens
  Robert Reichle
  Ellenor Shoemaker

Illustrations
  Walter Moore

Awards

Français interactif was awarded the "2009 CALICO Access to Language Education Award", from CALICO, (Computer Assisted Language Instruction Consortium), Lernu.net and the Esperantic Studies Foundation, for an open access web site offering exceptional access to language learning resources.
(http://calico.org)

Français interactif received the National Endowment for the Humanities Edsitement Award for "Best of Humanities on the Web Award" in 2005 and both **Français interactif** and **Tex's French Grammar** received 5-star reviews on MERLOT (Multimedia Educational Resource for Learning and Online Teaching). The MERLOT reviews cite the 'intrinsically interesting and engaging content, clean design, and clear and intuitive navigation,' which provide 'access to a wealth of high-quality language materials for a truly worldwide audience.'   (http://www.merlot.org/merlot/viewCompositeReview. htm?id=350514)

Glossary of Symbols
How to Use Français interactif

Vocabulary

The vocabulary, both online and printed, is a comprehensive list of the chapter's key vocabulary items arranged according to semantic fields, e.g., salutations, colors, days of the week, etc. Students listen to the native speaker pronunciation and may download the files in mp3 format. Students complete the vocabulary preparation using a template which guides them to identify salient associations, cognates, and word families. Students also categorize vocabulary in the "Chassez l'intrus" exercises.

Phonetics

The phonetics section introduces essential aspects of French pronunication. Each phonetics lesson focuses on the chapter's vocabulary (recycles previously learned vocabulary).

Preparation Exercises
(to prepare at home in textbook

Students prepare these exercises in the printed material before coming to class. During class instructors may use many different techniques to check responses: choral participation, pop quizes, or pair and small group discussions.

Online Video Clip (to prepare at home)

Students watch videos and prepare the corresponding exercises before coming to class. Each chapter contains three different kinds of videos:

- **Introductory video**, a short video of a student on the study abroad program who presents the chapter's thematic and grammatical material. The introductions also include a preview of the communicative task that form the basis of the lesson.
- **Vocabulary presentation videos (vocabulaire en contexte)** which present vocabulary items in an authentic cultural context. The vocabulary video captures native speakers who use the new vocabulary in a context that provides important visual support. For example, a fruit vendor names each type of fruit on sale at the market that day. Students watch these short videos several times. First they try to recognize the vocabulary words in context. During subsequent listenings, students try to piece together what the speaker is saying. And finally, students are asked to perform a written activity based on the video.
- **Interviews** of four native French speakers (Franck Virginie, Jean-Charles, and Stéphanie) and three American students learning French (Laila, Blake, and Karen). In these spontaneous interviews, speakers respond to questions that require them to employ the grammar and vocabulary featured in the chapter. Transcripts and English translations are available, but students are encouraged to watch the videos without this visual support.

Online Grammar (to prepare at home)

Students access the Tex's French Grammar website to study individual grammar points before coming to class. Grammar items are carefully explained in English, then exemplified in a dialogue, and finally tested in self-correcting, fill-in-the-blank exercises. Students print out their answers to these "Texercises" to turn in to their instructor. Instructors may also use these exercises as pop quizes. Tex's French Grammar also includes a verb conjugator, a verb tutor, and an on-line French dictionary.

Pair Exercises

Students complete pair exercises in class with a partner. They ask each other questions and report their responses back to the class, read and categorize true/false or bizarre/normal sentences, fill in the blanks, etc.

Class or Group Exercises

Group exercise involve groups of three or four students, or the entire class.

Listening Comprehension Exercises

Listening exercises are led by the instructor and include listening discrimination exercises and dictations.

Homework Writing Exercises (to turn in)

Students write out homework assignments on a separate sheet of paper to turn in to their instructor. Homework includes the "Texercises" on the Tex's French Grammar website as well as several writing assignments in each chapter.

Cultural Notes

Students read information about cultural topics related to the chapter's content. Culture videos enhance the cultural notes in many chapters.

Grammaire interactive

Students complete inductive grammar exercises as homework

Chansons exercises

Students listen to songs and perform accompanying activities.

Using the textbook with the website

Vocabulaire

- fiche d'identité
- questions personnelles
- la famille
- les amis
- mots interrogatifs
- l'heure
- l'heure officielle
- passe-temps et activités
- adverbes
- continents, pays, nationalités

Phonétique

- les symboles phonétiques
- l'élision
- la liaison

Grammaire

- 2.1 avoir 'to have'
- 2.2 -er verbs
- 2.3 possessive determiners
- 2.4 yes/no questions: est-ce que, n'est-ce pas
- 2.5 basic negation: ne... pas
- 2.6 introduction to adverbs
- 2.7 interrogative and exclamative quel
- 2.8 introduction to adjectives
- 2.9 adjectives: formation and placement

- testez-vous!, chapitre deux
- verb conjugation reference
- verb practice

Vidéos

Vocabulaire en contexte

- Franck Guilloteau - me voici
- Franck Guilloteau - ma famille
- l'heure
- les passe-temps Audrey et Camille
- l'heure
- les continents
- les pays

Interviews

- questions personnelles
- ma famille

Culture

- la voiture de Franck

---

table des matières

introduction
Me voici!
In this chapter we will talk about ourselves, our families, our pastimes, and nationalities. We will also learn how to tell time.

liste de vocabulaire
preparation du vocabulaire
fiche d'identité
questions personnelles
la famille
les amis
mots interrogatifs
l'heure
l'heure officielle
passe-temps et activités
adverbes
continents, pays, nationalités

phonétique
les symboles phonétiques

grammaire
Tex's French Grammar
2.1 avoir 'to have'
2.2 -er verbs (regular) present tense
2.3 possessive determiners
2.4 yes/no questions: est-ce que, n'est-ce pas
2.5 basic negation: ne ... pas
2.6 introduction to adverbs
2.7 interrogative and exclamative quel
2.8 introduction to adjectives
2.9 adjectives: formation and placement
testez-vous!, chapitre 02
verb conjugation reference
verb practice

PDF: chapitre deux 2009
cahier_02.pdf
grammaire_interactive_02.pdf

- Purchase the Français interactif textbook in print-on-demand format (black and white or color)
- Download the pdf of each individual chapter and print it yourself!

vidéos
vocabulaire en contexte
Franck Guilloteau - me voici
Franck Guilloteau - ma famille
les passe-temps Audrey et Camille
l'heure
les continents
les pays

interviews - les Français à Austin
questions personnelles   Franck J-C Stéphanie   Virginie
ma famille   Franck J-C Stéphanie   Virginie

interviews - les étudiants - UT Austin
questions personnelles   Blake   Karen   Laila
ma famille   Blake   Karen   Laila

culture
la voiture de Franck

@ activité internet
un correspondant français
activité, au cinéma

00 · 01 · 02 · 03 · 04 · 05 · 06 · 07 · 08 · 09 · 10 · 11 · 12 · 13 · map · icons

---

table des matières

introduction
Me voici!
In this chapter we will talk about ourselves, our families, our pastimes, and nationalities. We will also learn how to tell time.

vidéos
vocabulaire en contexte
Franck Guilloteau - me voici
Franck Guilloteau - ma famille

mp3s: download archive
jump: - Select -

liste de vocabulaire

▶ 0:06 / 0:49

fiche d'identité	identification form
Nom (de famille)	*last name*
Prénom(s)	*first (and middle) name(s)*
Age	*age*
Nationalité	*nationality*
Résidence actuelle	*current address*
Profession	*profession*
Passe-temps préférés	*pastimes*

▶ 0:00 / 0:36

questions personnelles	personal questions
Comment vous appelez-vous?	*What is your name?*
Quel âge avez-vous?	*How old are you?*
Quelle est votre nationalité?	*What is your nationality?*
Vous êtes d'où?	*Where are you from?*
Où habitez-vous?	*Where do you live?*
Que faites-vous dans la vie?	*What do you do for a living?*
Quels sont vos passe-temps préférés?	*What are your favorite pastimes?*

Préparation du vocabulaire

Be sure to download the pdf vocabulary preparation template from the FI website to complete Exercises B, E, and F.

! Your instructor will collect this homework

2019 COERLL - French Department   **Page 9 of 345**   University of Texas at Austin

tex's french grammar

avoir 'to have'

search:

jump: avoir

download MP3s ...

The verb **avoir** is irregular in the present tense. Listen carefully to the pronunciation of the **-s** in the plural pronouns **nous**, **vous**, and **ils/elles**. This **-s** is pronounced as a /z/ to link with the vowel sound in the plural forms of **avoir**. This **liaison**, or linking, is especially important in distinguishing **ilsont** (they have) from the third person plural of être **ilssont** (they are).

avoir 'to have'	
j'ai	nousavons
tu **as**	vousavez
il/elle/on **a**	ils/elles **ont**
past participle: **eu**	

Avoir is also used as an auxiliary in compound tenses (passé composé with avoir, plus-que-parfait, futur antérieur, etc.) Besides ownership, the verb **avoir** expresses age in French, unlike the English equivalent, which uses the verb 'to be.'

IL A UNE SOEUR
ET UN FRÈRE

fill in the blanks

Give the correct form of the verb avoir.

1. Tex _____ une soeur et un frère.

2. Tex et Tammy _____ beaucoup d'amis.

3. Bette: Tex, quel âge _____ -tu?

4. Tex: J' _____ 26 ans.

2.1 avoir 'to have'

j'	ai
tu	as
il elle on	a
nous	avons
vous	avez
ils elles	ont

Entering accented characters

Method 1: *Alt + key sequence*
Make sure the *Num Lock* key is down. Hold down the *Alt* key while entering a number sequence on the keypad. Release the *Alt* key: you should see the accented character.

Number sequences for specific characters are listed in the character table below.

Method 2: Windows *Character Map* tool
Use the Windows *Character Map* tool – a small pop-up accessory that allows you to copy and paste special characters into any application (such as a web browser). On your Windows PC, access

Start Menu > Programs > Accesories > System Tools > Character Map

Click on and copy the character you need from the *Character Map* tool. Then, click back in the browser form field and paste the character (ctrl-v or 'Paste' via browser menu selection).

Apple Macintosh
Method: *option + key [+ key]*
Hold down the *option* key while entering the first letter of a sequence (e.g., **option `** or **option e**).

Release the option key and enter the second character of the sequence (e.g., **a**, **e**, **i**, **n**, **o**, or **u**): you should see the accented character.

Exceptions: A few special characters (**ç**, **ß**, **ı**) are produced by simply entering *option + key*. The **¿** character is produced by simultaneously entering 'opt shift ?'

Character Table

character	Macintosh	PC	character	Macintosh	PC
à	opt ` + a	alt + 0224	ñ	opt n + n	alt + 0241
á	opt e + a	alt + 0225	ò	opt ` + o	alt + 0242
â	opt i + a	alt + 0226	ó	opt e + o	alt + 0243
ä	opt u + a	alt + 0228	ô	opt i + o	alt + 0244
ç	opt c	alt + 0231	ö	opt u + o	alt + 0245
è	opt ` + e	alt + 0232	ß	opt + s	alt + 0223
é	opt e + e	alt + 0233	ù	opt ` + u	alt + 0249
ê	opt i + e	alt + 0234	ú	opt e + u	alt + 0250
ë	opt u + e	alt + 0235	û	opt i + u	alt + 0251
ì	opt ` + i	alt + 0236	ü	opt u + u	alt + 0252
í	opt e + i	alt + 0237	ı	opt 1	alt + 0161
î	opt i + i	alt + 0238	¿	opt shift ?	alt + 0191

5 Bon appétit!

In this chapter we will talk about French food, what the French like to eat, where they buy it, and how to prepare typical French dishes.

Vocabulaire

Préparation du vocabulaire

Be sure to download the pdf vocabulary preparation template from the FI website to complete Exercises B, E, and F.

! Your instructor will collect this homework.

! Note: These can be used as expressions of quantity by adding 'de'; un verre de = a glass of

A table — **At the table**

un verre	glass
une tasse	cup
un bol	bowl
une assiette	plate
un couteau	knife
une fourchette	fork
une cuillère	spoon
la cuisine	kitchen, cooking
un repas	meal
le petit déjeuner	breakfast
le déjeuner	lunch
le goûter	snack
le dîner	dinner, supper

Au marché / Au supermarché — **At the market / At the supermarket**

des fruits (m) — **fruits**

des bananes (f)	bananas
des cerises (f)	cherries
des citrons (m)	lemons
des fraises (f)	strawberries
des framboises (f)	raspberries
des oranges (f)	oranges
des pamplemousses (m)	grapefruit
des pêches (f)	peaches
des poires (f)	pears
des pommes (f)	apples
du raisin	grapes

des légumes (m) — **vegetables**

de l'ail (m)	garlic
des asperges (f)	asparagus
des aubergines (f)	eggplants
des carottes (f)	carrots
des champignons (m)	mushrooms
des choux (m)	cabbage
des concombres (m)	cucumbers
des courgettes (f)	zucchini
des épinards (m)	spinach
des haricots verts (m)	green beans
une/de la laitue	lettuce
des oignons (m)	onions
des petits pois (m)	peas
des poireaux (m)	leeks
des poivrons verts (m)	green peppers
des pommes de terre (f)	potatoes

| de la salade | salad, lettuce |
| des tomates (f) | tomatoes |

A la boucherie

	At the butcher shop
Chez le boucher, on achète...	At the butcher's, you buy...
de la viande	meat
du boeuf	beef
du porc	pork
du veau	veal
du canard	duck
de la dinde	turkey
du poulet	chicken

A la charcuterie

	At the pork butcher shop/delicatessen
Chez le charcutier, on achète...	At the pork butcher's, you buy...
du jambon	ham
du pâté	pâté
des saucisses (f)	sausages
du saucisson	hard sausage (salami)

A la poissonnerie

	At the seafood shop
Chez le poissonnier, on achète...	At the fish merchant's, you buy...
du poisson	fish
du saumon	salmon
de la sole	sole
du thon	tuna

A l'épicerie

	At the grocery store
Chez l'épicier, on trouve...	At the grocer's, you find...
des céréales (m)	cereal
un oeuf, des oeufs	eggs
des noix (f)	walnuts
des produits laitiers (m)	dairy products
du beurre	butter
du lait	milk
du fromage	cheese
du yaourt	yogurt
de la glace	ice cream
des épices (f)	spices
du sel	salt
du poivre	pepper

Vocabulaire

de l'huile (f)	oil
du vinaigre	vinegar
de la mayonnaise	mayonnaise
de la moutarde	mustard

A la boulangerie-pâtisserie   At the bakery-pastry shop

Chez le boulanger, on trouve...   At the baker's, you find...

du pain	bread
une baguette	baguette
une brioche	brioche
un croissant	croissant
un petit pain	roll

Chez le pâtissier, on trouve...   At the pastry chef's, you find...

des pâtisseries (f)	pastries
un gâteau	cake
un gâteau au chocolat	chocolate cake
une tarte	tart
une tarte aux pommes	apple tart
une tarte au citron	lemon tart
une tarte à la fraise	strawberry tart

Au café   At the café

Au café, on commande...   At the café, you order...

des boissons non-alcoolisées (f)	non-alcoholic beverages
du café	coffee
du thé (chaud, glacé)	tea (hot, iced)
du coca-cola	cola
de l'eau (f)	water
de l'eau minérale	mineral water
du jus de fruit	fruit juice

des boissons alcoolisées (f)	alcoholic beverages
de la bière	beer
du champagne	champagne
du vin	wine
du vin blanc (du blanc)	white wine
du vin rosé (du rosé)	rosé wine
du vin rouge (du rouge)	red wine

un sandwich jambon beurre	sandwich with ham and butter
un croque-monsieur	toasted cheese sandwich with ham
un croque-madame	croque-monsieur with a fried egg
une quiche (lorraine, au saumon, etc.)	quiche (lorraine, salmon, etc.)
une omelette (aux fines herbes, au fromage)	omelette (with herbs, cheese)

Page 110 of 345   University of Texas at Austin

Au restaurant

Au restaurant, on commande...
    un apéritif
    une entrée
    un plat principal
    un dessert
    une boisson

At the restaurant

At the restaurant, you order...
    before dinner drink
    appetizer / first course
    main course
    dessert
    drink beverage

Des plats typiquement français
Des entrées
    des crudités (f)
    une salade (avec des lardons, des noix, etc.)

    de la soupe à l'oignon

Typical French dishes
appeti rs
    raw vegetables plus vinaigrette
    salad (with bacon, nuts, etc.)

    onion soup

Des plats principaux
    du boeuf bourguignon
    du coq au vin
    un steak frites

main courses
    beef stewed in red wine
    chick n (rooster) stewed in red wine
    steak and French fries

Des desserts
    de la mousse au chocolat
    de la crème caramel
    de la crème brûlée
    du fondant au chocolat

desserts
    chocolate mousse
    caramel custard
    crème brûlée
    rich chocolate flourless cake

Expressions de quantité

un peu de
assez de
beaucoup de
trop de

une cuillère de
une bouteille de
un pichet de
un litre de
50 grammes de
un k lo de
un morceau de
une tranche de
une boîte de
un rôti de boeuf
une côtelette de porc
une doua ine d'oeufs

Expressions of quantity

a little
enough
a lot
too much (too many)

a spoonful of
a bottle of
a pitcher of
a liter of
50 grams of
a k lo of
a piece of
a slice of
a can of
a beef roast
a pork chop
a doe n eggs

Vocabulaire

Adjectifs	Adjectives
délicieux / délicieuse	delicious
frais / fraîche	fresh
épicé(e)	spicy
grillé(e)	grilled
hâché(e)	chopped
salé(e)	salty
sucré(e)	sweet

Verbes	Verbs
avoir faim / avoir soif	to be hungry / to be thirsty
boire	to drink
déjeuner	to have lunch
dîner	to have dinner
faire le marché	to go grocery shopping
faire la cuisine	to cook
prendre un repas	to have a meal
faire la vaisselle	to do the dishes
grossir	to gain weight
faire un régime	to be on a diet
maigrir	to lose weight
choisir	to choose
finir	to finish
grandir	to grow up
obéir à	to obey
réfléchir à	to reflect (on)
réussir à	to succeed
croire	to believe
prendre	to take
apprendre	to learn
(apprendre à quelqu'un)	(to teach someone)
comprendre	to understand
surprendre	to surprise

Phonétique

Go to the website for a complete explanation and practice exercises.

Introduction

Regardons la video ensemble pour répondre aux questions suivantes: Qui présente le chapitre? Où est-il/elle? Quels sont les thèmes du chapitre?

Exercice 1. Quels sont vos goûts (tastes)?

A. Complétez les phrases suivantes.

1. Comme légume, j'aime _____ et je déteste _____
2. Comme fruit, j'aime _____ et je déteste _____
3. Comme viande, j'aime _____ et je déteste _____
4. Comme poisson, j'aime _____ et je déteste _____
5. Comme charcuterie, j'aime _____ et je déteste _____
6. Comme boisson, j'aime _____ et je déteste _____

B. Ensuite, en classe, vous allez comparer vos goûts avec les goûts d'un partenaire. Ecoutez ses phrases et puis, complétez les phrases suivantes.

1. Comme légume, il/elle aime_____ et il/elle déteste _____
2. Comme fruit, il/elle aime _____ et il/elle déteste _____
3. Comme viande, il/elle aime _____ et il/elle déteste _____
4. Comme poisson, il/elle aime _____ et il/elle déteste _____
5. Comme charcuterie,il/elle aime _____ et il/elle déteste _____
6. Comme boisson, il/elle aime _____ et il/elle déteste _____

C. Est-ce que vous avez les mêmes goûts que votre partenaire? Pourquoi ou pourquoi pas?

> **Modèle:**
> J'adore les escargots mais mon partenaire préfère la truite.

Dictogloss 1. Faire une omelette.

Formez des groupes de 3 ou 4 personnes. Ecoutez le texte lu par votre professeur.

Complétez les phrases suivantes et donnez le plus de détails possibles.

Aujourd'hui nous allons preparer une omelette au jambon et aux champignons.

Dans une omelette au jambon, il y a _____ , _____ ,

_____ , _____

et _____ .

Casser _____ et mélanger. J'adore _____ !

Découper _____ et verser les morceaux de _____ dans le bol.

Ajouter _____ .

Verser _____ dans le bol. Pas trop!

Verser une _____ d' _____ dans la poêle,

Verser les morceaux de _____ dans la poêle.

C'est prêt! Hmmm c'est délicieux!

Exercice 2. Grammaire interactive. La recette.

How do you translate the following sentence into English?

Il y a **des** oeufs, **du** jambon, **des** champignons **du** fromage, **de la** crème et **de l'**huile.

When you translated the sentence above, did you use articles before the nouns?
- **du**, **de la**, **de l'** are called partitive articles.

The partitive article _____ is used before a noun starting with a vowel or a mute "h".

The partitive article _____ is used before a masculine noun starting with a consonant.

The partitive article _____ is used before a feminine noun starting with a consonant.

Countable vs Uncountable

Countable nouns refer to items that can be counted:
- She eats an apple every day.
  Elle mange une pomme chaque jour.

Uncountable nouns refer to items that cannot be counted:
- She's eating bread.
  Elle mange du pain.
- Do you have some water?
  Tu as de l'eau?

Some nouns can be either **countable or uncountable**
- We'll have some coffee, please.
  On va prendre du café, s'il vous plaît.
- We'll have two coffees, please.
  On va prendre deux cafés, s'il vous plaît.

Can you think of a context for the two last sentences?

For each of the following items decide if they are countable or uncountable

	countable	uncountable
1. oeufs	☐	☐
2. jambon	☐	☐
3. champignons	☐	☐
4. fromage	☐	☐
5. crème	☐	☐
6. huile	☐	☐

Look at the following sentence
Il y a **des** oeufs, **du** jambon, **des** champignons **du** fromage, **de la** crème et **de l'**huile.

Countable or uncountable? Fill in the blank

The partitive article **du – de la – de l'** is used with _____ nouns.

Definite article vs partitive

The definite article designates something in its totality, or as a whole:
- Bread is good.
  Le pain est bon.
- I love apples!
  J'adore les pommes.

The partitive article designates a part of the whole.
- She's eating bread.
  Elle mange du pain.
- She's eating apples.
  Elle mange des pommes.

Look at the following sentences and decide whether they refer to something as a whole or a part of the whole.

1. Il y a des oeufs.
2. Il y a du jambon.
3. Je déteste le lait.
4. J'adore les oeufs!
5. Elle mange de la salade.

Le petit-déjeuner

D'habitude au petit-déjeuner on prend un croissant (ou du pain avec du beurre et de la confiture) avec du café au lait ou du chocolat chaud. Les Français ne mangent jamais d'oeufs ou de jambon le matin. On boit aussi du jus de fruit. Certains gens préfèrent les céréales. En général, les Français aiment les repas structurés, en famille ou avec des amis, qui durent assez longtemps. Il n'est pas rare de passer trois ou quatre heures à table le dimanche après-midi. Pour manger correctement, il est nécessaire de prendre son temps et de diversifier sa nourriture.

Le repas de midi

Le repas de midi est traditionnellement le repas le plus important de la journée. Souvent, les magasins, les banques, et les bureaux de poste sont fermés entre midi et deux heures. A quatorze heures, les restaurants ferment et le service recommence vers vingt heures. D'habitude, les Français ne prennent pas le dîner avant vingt heures.

Exercice 3. Quelle photo va avec chaque mot?

_____1. un oeuf
_____2. une tarte
_____3. du jus d'orange
_____4. de l'eau
_____5. une fraise
_____6. du lait
_____7. des champignons
_____8. du fromage
_____9. du pain
_____10. de la dinde
_____11. des carottes
_____12. du raisin
_____13. un croissant
_____14. des cerises
_____15. un poivron
_____16. un gâteau
_____17. des poires
_____18. de la glace
_____19. une pomme
_____20. de la salade

Exercice 4. Les repas.

Décidez avec un partenaire quand les Français prennent les aliments suivants.

	au petit déjeuner	au déjeuner
1. On prend de la salade…	☐	☐
2. On prend des céréales…	☐	☐
3. On boit du thé…	☐	☐
4. On boit du café au lait…	☐	☐
5. On mange du boeuf ou du veau…	☐	☐
6. On prend du beurre et de la confiture…	☐	☐
7. On mange des oeufs…	☐	☐
8. On prend du pain.	☐	☐
9. On boit du jus d'orange…	☐	☐
10. On prend une tarte aux pommes…	☐	☐
11. On mange des croissants…	☐	☐
12. On boit de l'eau minérale…	☐	☐

At home, please go to the Français inter-actif website. Read the following gram-mar points in Tex's French Grammar and complete all Texercis-es which you will turn in to your instructor.

5.1 determiners: partitive articles

masc.	du (pain)
fem.	de la (viande)
masc. or fem. before vowel.	de l'ail (m.) de l'eau (f.)

Partitive articles are used before mass nouns. They express quantities that are indi-visible or cannot be counted.

Exercice 5. Quel magasin?

On vend...

_____ 1. du saucisson et du pâté
_____ 2. des gâteaux et des tartes
_____ 3. du fromage et des céréales
_____ 4. une baguette et des croissants
_____ 5. des oignons et des tomates
_____ 6. de la sole et du thon
_____ 7. des bananes et des cerises
_____ 8. du poulet et du veau

a. à la boucherie
b. à la boulangerie-pâtisserie
c. à la charcuterie
d. à l'épicerie
e. au marché
f. à la poissonnerie

Exercice 6. Qu'est-ce que tu manges?
Posez ces questions à vos camarades.

1. Est-ce que tu manges du pâté?_____
2. Est-ce que tu prends de la salade tous les jours?_____
3. Est-ce que tu bois de l'eau minérale? _____
4. Est-ce que tu manges des escargots?_____
5. Est-ce que tu prends souvent du poisson? _____
6. Est-ce que tu manges du yaourt? _____
7. Est-ce que tu bois du jus d'orange au petit déjeuner?_____
8. Est-ce que tu prends le dessert avant le dîner? _____
9. Est-ce que tu manges souvent de la viande? _____
10. Est-ce que tu aimes manger des plats épicés?_____ .

Parlez uniquement en français! Si la réponse est "OUI", demandez la signature de cette personne. Changez de camarade pour chaque question. Ecoutez attentivement les questions qu'on vous pose. Ne répondez pas à des questions incomplètes.

prendre is used to say what you 'have' at a meal. See 5.4 for conjugation of prendre.

Remember: After the negative, indefinite articles (un, une, des) and partitive artices (du, de la, de l') change to de or d' in a negative sentence : Il n'y a pas de chocolat dans une quiche.

Exercice 7. Bizarre ou normal?

	bizarre	normal
1. Dans une quiche, il y a <u>des</u> oeufs, <u>du</u> jambon et <u>du</u> sucre.	☐	☐
2. Dans un hamburger, il y a <u>du</u> boeuf, <u>de la</u> laitue et <u>du</u> ketchup.	☐	☐
3. Dans une fondue, il y a <u>du</u> fromage, <u>du</u> vin blanc et <u>du</u> pain.	☐	☐
4. Dans un gâteau au chocolat, il y a <u>du</u> chocolat, <u>du</u> sucre et <u>du</u> poivre.	☐	☐
5. Dans une vinaigrette, il y a <u>de l'</u>huile, <u>du</u> sel et <u>de la</u> moutarde.	☐	☐
6. Dans une tarte aux pommes, il y a <u>du</u> fromage, <u>des</u> pommes et <u>du</u> sucre.	☐	☐

Exercice 8. Les habitudes alimentaires de Tex.
Trouvez la bonne association pour chaque phrase.

Tex ...
_____1. ...va à la boucherie.
_____2. ...va à la charcuterie.
_____3. ...mange des céréales.
_____4. ...est allergique aux noix.
_____5. ...aime les pommes.
_____6. ...aime les desserts sucrés.

Il ...
a. ne mange pas de marrons.
b. va manger une tarte aux pommes.
c. achète du jambon.
d. va manger du gâteau au chocolat.
e. achète de la viande.
f. prend le petit déjeuner.

Exercice 9.
Vous et votre régime
Qu'est-ce que vos préférences gastronomiques indiquent sur votre personnalité? Pour savoir (to know, to find out), faites ce petit test.

1. Au petit déjeuner, vous prenez en général:
   a. rien du tout (nothing at all)
   b. des oeufs et des toasts
   c. du yaourt avec des céréales
   d. un croissant ou un pain au chocolat

2. A midi, en général, vous prenez:
   a. une pizza
   b. un bifteck hâché avec des frites
   c. une salade d'épinards
   d. un plat chinois

3. Pour votre goûter de quatre heures en général:
   a. une tablette de chocolat
   b. un taco
   c. une pomme (ou un autre fruit)
   d. du thé avec une brioche

4. Si c'est vous qui préparez le dîner, vous faites en général:
   a. des spaghettis à la sauce tomate
   b. de la pizza
   c. une soupe de légumes
   d. un canard à l'orange

Une majorité d' A	Une majorité de B	Une majorité de C	Une majorité de D
Vous êtes plus pressé(e) que réellement intéressé(e) par la cuisine. Apprenez à prendre le temps de bien manger.	Vous mangez comme un(e) vrai(e) Américain(e). C'est bien, mais vous avez besoin d'essayer de nouveaux plats!	Est-ce que vous êtes végétarien(ne)? C'est très bon pour la santé, mais n'oubliez pas de manger des protéines (du tofu, des céréales complets, des haricots, etc.)	Vous êtes un(e) vrai(e) gourmet avec des goûts variés!

Adapté du livre ENCORE!

Exercice 10. Qu'est-ce qu'ils mangent?
Qu'est-ce qu'ils mangent? Qu'est-ce qu'ils ne mangent pas?

Modèle:
les végétariens: Les végétariens mangent des oranges, des carottes et de la salade. Ils mangent peut-être du poisson, mais ils ne mangent jamais de boeuf.

1. les athlètes

2. les personnes qui font un régime

3. les enfants

Dictogloss 2. Les goûts alimentaires de votre prof

Formez des groupes de 3 ou 4 personnes. Ecoutez le texte lu par votre professeur. Complétez les phrases suivantes et donnez le plus de détails possibles.

Tous les jours je bois _____

au petit déjeuner et je mange _____.

et ne mange pas _____.

Pour le déjeuner, je prends souvent _____ avec de la viande ou

_____. J'aime beaucoup_____

ou _____. et mange toujours _____

et _____ et en dessert je prends

_____ ou _____.

Pour le dîner, j'aime prendre _____ et du pain. Comme_____

j'aime _____ mais _____

le vin rouge. et bois toujorus. _____

_____

University of Texas at Austin

Exercice 11. Madame Guilloteau fait la cuisine.
Madame Guilloteau va préparer le déjeuner. Complétez les phrases suivantes avec un article défini, indéfini ou partitif:

Madame Guilloteau adore _____ cuisine française. Pour le déjeuner, elle va préparer _____ quiche lorraine en entrée et _____ coq au vin en plat principal. Pour le dessert, elle va faire _____ mousse au chocolat.

Madame Guilloteau va acheter _____ farine, _____ beurre, _____ lait, _____ jambon et _____ fromage pour faire la quiche. Elle achète aussi _____ poulet, _____ vin rouge, _____ carottes et _____ oignons pour le plat principal. Pour _____ mousse au chocolat elle va prendre _____ chocolat, _____ sucre et _____ oeufs.

Elle achète aussi _____ eau minérale et _____ café. Elle n'achète pas _____ coca, parce que sa famille n'aime pas _____ coca.

Exercice 12. Vos goûts -- Qu'est-ce que vous prenez?
A. Posez les questions suivantes à un partenaire. Donnez 3 choses pour chaque question.

1. Qu'est-ce que tu prends au petit-déjeuner d'habitude? _____ .
2. Qu'est-ce que tu prends au déjeuner d'habitude? _____ .
3. Qu'est-ce que tu prends au goûter d'habitude? _____ .
4. Qu'est-ce que tu prends au dîner d'habitude? _____ .

B. Partagez vos réponses avec la classe

Exercice 13. Au supermarché
Donnez un produit logique pour chaque quantité.

1. une bouteille de _____ .
2. un litre de _____ .
3. un k lo de _____ .
4. un morceau de _____ .
5. 500 grammes de _____ .

At home, please go to the Français interactif website. Read the following grammar points in Tex's French Grammar and complete all Texercises which you will turn in to your instructor.

5.2 determiners: expressions of quantity

Expressions of quantity are always followed by
- de: beaucoup de pain
- d' if the noun begins with a vowel sound: une bouteille d'eau

Exercice 14.   Trop, beaucoup, un peu, ou pas du tout?
Posez les questions suivantes à un camarade et notez ses réponses.

Modèle:
Tu manges du pain?

	❑ trop	
Oui, je mange	❑ beaucoup	...de pain.
	❑ un peu	
ou		
Non, je ne mange	❑ pas	...de pain.

1. Tu manges de la viande rouge?
je mange...
❑ trop de   ...viande rouge.
❑ beaucoup de
❑ un peu de
❑ ne p. as

2. Tu manges de la salade?
je mange...
❑ trop de   ...salade.
❑ beaucoup de
❑ un peu de
❑ ne p. as

3. Tu manges du beurre?
je mange...
❑ trop de   ...beurre.
❑ beaucoup de
❑ un peu de
❑ ne p. as

4. Tu manges des pâtisseries?
je mange...
❑ trop de   ...pâtisseries.
❑ beaucoup de
❑ un peu de
❑ ne p. as

5. Tu manges des fruits?
je mange...
❑ trop de   ...fruits.
❑ beaucoup de
❑ un peu de
❑ ne p. as

6. Tu manges des légumes?

Je mange...
- ☐ trop de
- ☐ beaucoup de
- ☐ un peu de
- ☐ ne p. as

...légumes.

7. Tu manges du chocolat?

Je mange...
- ☐ trop de
- ☐ beaucoup de
- ☐ un peu de
- ☐ ne p. as

...chocolat.

8. Tu manges du poisson?

Je mange...
- ☐ trop de
- ☐ beaucoup de
- ☐ un peu de
- ☐ ne p. as

...poisson.

Est-ce que votre partenaire mange bien? Pourquoi ou pourquoi pas?

Exercice 15. Des recettes de Madame Guilloteau

Voici des recettes de Madame Guilloteau. Décidez quelle recette va avec chaque photo.

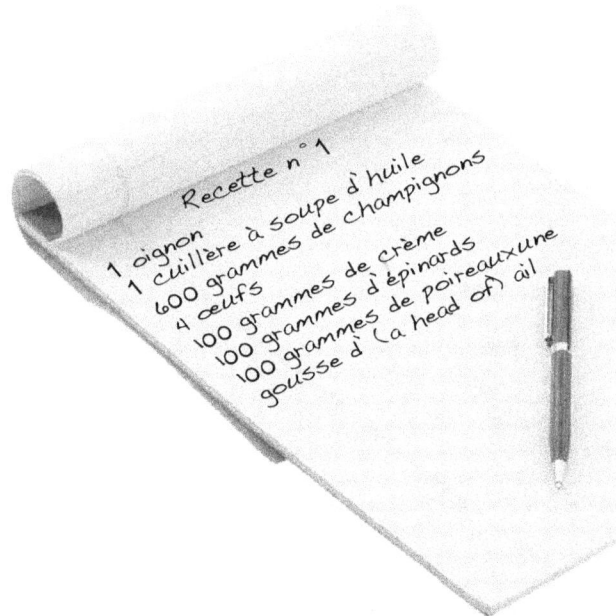

Recette n°1
- 1 oignon
- 1 cuillère à soupe d'huile
- 600 grammes de champignons
- 4 oeufs
- 100 grammes de crème
- 100 grammes d'épinards
- 100 grammes de poireaux
- une gousse d' (a head of) ail

Recette n°2 _____
- 50 grammes de sucre
- 2 oeufs
- 20 grammes de beurre
- 100 grammes de chocolat

Recette n°3 _____
- 50 grammes de farine (flour)
- 1 cuillère à café de cognac
- 1 bouteille de vin rouge
- 2 cuilleres à soupe de cognac
- 1,5 kilo de coq
- 100 grammes de petits oignons
- 100 grammes de carottes
- une gousse d' (a head of) ail
- 250 grammes de champignons

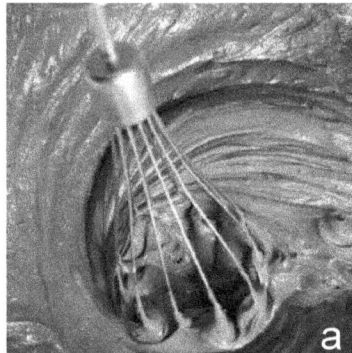

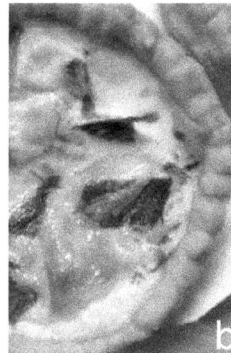

Recette n°4 _____
- 200 grammes de lardons (bacon)
- 4 tranches de pain
- 4 oeufs
- 300 grammes de laitue
- 2 cuilleres à soupe d'huile
- 1 cuillère à soupe de vinaigre
- sel et poivre

a

b

c

d

Quelles recettes sont pour l'entrée? Et pour le plat principal? Et pour le dessert?

Exercice 16. Quelle recette préférez vous?

A. Votre professeur va lire deux recettes. Ecoutez et complétez le tableau suivant.

	le pho	le fattouche
1. Quel pays d'origine:		
2. Quelle sorte de plat:		
3. Pour quel repas:		
4. Les légumes et les fruits dans la recette:		
5. Les épices:		
6. La viande:		

B. Maintenant, trouvez un partenaire. Comparez vos réponses pour chaque recette. Parlez uniquement en franç is.

C. Quel plat est-ce que vous aimez le plus? Et votre partenaire? Expliquez pourquoi. Rapportez votre discussion à la classe.

Exercice 17. Dans votre frigo

A. Qu'est-ce que vous avez dans votre frigo? Dessinez les fruits, les légumes, les boissons et les autres choses que vous avez dans votre frigo. Dessinez au moins (at least) six choses et écrivez les noms aussi.

des œufs

des légumes

B. Maintenant, comparez votre dessin avec le dessin d'un partenaire. Est-ce que vous avez les mêmes choses dans vos frigos? Chez vous, est-ce que vous avez des choses différentes de votre partenaire? Qu'est-ce que vous avez dans votre frigo que votre partenaire n'a pas? Est-ce que votre partenaire a assez de provisions dans son frigo pour préparer un bon dîner? Expliquez pourquoi ou pourquoi pas.

C. Discutez vos résultats avec la classe.

Exercice 18. Quel verbe en -ir?
Quels verbes associez vous avec...

1. les enfants _____
2. les parents _____
3. les gourmands _____
4. les amis _____
5. les étudiants_____
6. les sportifs _____

Exercice 19. Singulier ou pluriel?
Ecoutez et decidez si le verbe est au singulier ou au pluriel. Ecoutez une deuxième fois et écrivez la phrase.

	singulier	pluriel
Modèle: Ils réussissent leurs examens.	☐	√
1. _____	☐	☐
2. _____	☐	☐
3. _____	☐	☐
4. _____	☐	☐
5. _____	☐	☐
6. _____	☐	☐
7. _____	☐	☐
8. _____	☐	☐

Exercice 20. Vrai ou faux?
Décidez si les phrases suivantes sont vraies ou fausses.

	vrai	faux
1. Les mauvais étudiants finissent toujours leurs devoirs	☐	☐
2. Les bons étudiants réussissent souvent leurs examens.	☐	☐
3. Les mauvais étudiants choisissent des cours difficiles.	☐	☐
4. Les mauvais étudiants obéissent aux règles. (rules).	☐	☐
5. Les bons étudiants réfléchissent avant de répondre.	☐	☐

Sidebar

At home, please go to the Français interactif website. Read the following grammar points in Tex's French Grammar and complete all Texercises which you will turn in to your instructor.

5.3 –ir verbs (regular)

finir 'to finish'

je	finis
tu	finis
il elle on }	finit
nous	finissons
vous	finissez
ils elles }	finissent

grossir
maigrir
choisir
grandir
obéir à
réfléchir à
réussir à

Rappel: Sortir, partir, dormir are irregular -ir verbs. Review their conjugations in 3.3.

Exercice 21. Et toi?

Posez les questions suivantes à un camarade et comparez vos réponses.

Modèle:
Tu finis toujours tes devoirs?
-Oui, je finis toujours mes devoirs. / Non, je ne finis pas mes devoirs.
Et toi, est-ce que tu finis tes devoirs?
-Oui, moi aussi, je finis toujours mes devoirs./ Non, moi non plus (me neither), je ne finis pas mes devoirs.

	oui	non
1. Tu finis toujours tes devoirs?	☐	☐
2. Tu réussis souvent tes examens?	☐	☐
3. Tu choisis des cours difficiles?	☐	☐
4. Tu accomplis beaucoup?	☐	☐
5. Tu obéis aux règles?	☐	☐
6. Tu réfléchis avant de répondre?	☐	☐

Modèle:
Nous sommes de bon(ne)s étudiant(e)s parce que nous finissons toujours nos devoirs....

Exercice 22. Les choix

Quand vous allez au restaurant, qu'est-ce que vous choisissez en général? Posez les questions suivantes à un partenaire et notez ses réponses. Est-ce que vous choisissez les mêmes choses?

Quand tu vas au restaurant, est-ce que tu choisis.....

1. e. n entrée: une salade ou de la soupe ou _____ ?
2. co mme plat principal: du poulet, du boeuf, un plat végétarien ou _____ ?
3. co mme boisson: un coca, de l'eau, du thé ou _____ ?
4. e. n dessert: de la glace à la vanille, au chocolat, à la fraise ou _____ ?

5.4 –re verbs (irregular) like prendre

prendre to take'

je	prends
tu	prends
il elle on }	prend
nous	prenons
vous	prenez
ils elles }	prennent

apprendre
comprendre
surprendre

Exercice 23. Singulier ou pluriel?

Ecoutez chaque phrase et décidez si le verbe est au singulier ou au pluriel. Ecoutez une deuxième fois et écrivez la phrase.

	singulier	pluriel
Modèle: Il prend un taxi.	√	❑
1. _____	❑	❑
2. _____	❑	❑
3. _____	❑	❑
4. _____	❑	❑
5. _____	❑	❑

Exercice 24. Un camarade de classe

A. Choisissez un étudiant que tout le monde connaît bien. Cette personne va s'éloigner de la classe.
B. Ecrivez le prénom de l'étudiant choisi. Puis en groupes de 3 ou 4 complétez chaque phrase d'après les intuitions de votre groupe.

l'étudiant[e]: _____

1. prend _____ (le bus, son vélo, sa voiture, un taxi...) pour aller à l'université.

2. apprend _____ (l'espagnol, l'italien, l'allemand)

3. comprend _____ .(les maths, les sciences, la philosophie)

Par contre, _____(l'étudiant[e])

4. ne prend pas _____

5. n'apprend pas _____.

6. ne comprend pas _____.

C. Chaque groupe va rendre ses phrases complètes au professeur. Puis le professeur va lire toutes les phrases. Si l'étudiant(e) choisi(e) dit "Oui, c'est vrai" alors le groupe reçoit un point. Quel est le groupe qui connaît le mieux l'étudiant(e) (who knows the student the best)?

Exercice 25. A quelle heure?

Posez les questions suivantes à un partenaire.

A quelle heure est-ce que tu prends le petit déjeuner? le déjeuner? et le dîner?

Est-ce que vous avez les mêmes habitudes que votre partenaire? Discutez avec la classe.

Exercice 26. Singulier, pluriel ou impossible à distinguer?
Ecoutez chaque phrase et décidez si le verbe est au singulier, au pluriel ou s'il est impossible à distinguer. Ecoutez une deuxième fois et écrivez la phrase.

	singulier	pluriel	impossible à distinguer
Modèle: Il boit du thé.	✓	☐	☐
1. _____	☐	☐	☐
2. _____	☐	☐	☐
3. _____	☐	☐	☐
4. _____	☐	☐	☐
5. _____	☐	☐	☐

Exercice 27. Qu'est-ce qu'ils boivent?
Completez les phrases suivantes.

1. Les sportifs boivent _____.
2. Les Anglais boivent _____.
3. Pendant les examens, les étudiants boivent _____.
4. Les Allemands boivent_____.
5. Les enfants boivent _____.
6. Les Américains _____.
7. Les Franç is. _____.

Exercice 28. Qu'est-ce qu'on boit?
Vous allez au restaurant avec trois amis. Ils vous demandent de choisir les boissons. Un de ces amis ne boit pas d'alcool, donc trouvez au moins (at least) 2 boissons possibles.

1. Est-ce que vous prenez un apéritif? Si oui, on boit _____ou
_____.

2. Comme entrée, vous prenez du saumon avec du beurre sur des morceaux de pain. Donc on _____boit ou
_____.

3. Comme plat principal vous prenez du boeuf. Donc on boit _____ou
_____.

4. Après le dessert, on prend _____.

At home, please go to the Français interactif website. Read the following grammar points in Tex's French Grammar and complete all Texercises which you will turn in to your instructor.

5.5 boire, croire, voir

boire 'to drink'
croire 'to believe'
voir 'to see'

je	bois crois vois
tu	bois crois vois
il elle on	boit croit voit
nous	buvons croyons voyons
vous	buvez croyez voyez
ils elles	boivent croient voient

NOTE CULTURELLE

Les repas français

Les repas français sont bien variés et équilibrés. On mange un peu de tout...des légumes, de la viande, de la salade, du pain, et du fromage. Après le fromage, on prend un fruit, un yaourt, ou bien un dessert. Et n'oubliez pas...on ne boit pas le café avec le dessert, mais après!

Exercice 29. Est-ce que vous aimez les mêmes boissons?
Comparez vos boissons habituelles avec un partenaire. Est-ce que vous buvez les mêmes boissons?

Est-ce que vous avez les mêmes habitudes?

Modèle: Au petit déjeuner, qu'est-ce que tu bois? Je bois du café.

Qu'est-ce que tu bois...
1. au dîner?
2. quand il fait chaud?
3. quand tu regardes la télé?
4. avec des plats salés?
5. avec des plats sucrés?

Exercice 30. Vous êtes sceptique?

A. En groupes de 3 ou 4, répondez aux questions suivantes. Est-ce que vous...

	oui	non
	☐	☐
1. croyez aux fantômes?	☐	☐
2. croyez aux extra-terrestres?	☐	☐
3. croyez aux OVNIs (objets volants non-identifiés)?	☐	☐
4. croyez au Père Noël?	☐	☐

B. Comparez vos réponses avec celles de la classe. Quel groupe est le plus sceptique?

Exercice 31. Qu'est-ce que tu vois?
Complétez les phases suivantes.

1. Dans la salle de classe, on voit

2. Dans un restaurant français, on voit

3. A McDo, on voit

4. De la fenêtre, on voit

Exercice 32. Vos habitudes.

A. Avec un partenaire, décidez si les aliments suivants sont bons ou mauvais pour la santé.

	bon	mauvais
1. le pain	☐	☐
2. le poulet	☐	☐
3. le coca-cola	☐	☐
4. la salade	☐	☐
5. le fromage	☐	☐
6. la pizza	☐	☐
7. les légumes	☐	☐
8. le poisson	☐	☐
9. le lait	☐	☐
10. la bière	☐	☐
11. la viande rouge	☐	☐
12. la glace	☐	☐

Est-ce que la classe est d'accord avec vous?

B. Ajoutez cinq aliments ou boissons que l'étudiant(e) typique mange et boit régulièrement. Est-ce qu'ils sont bons ou mauvais pour la santé?

Modèle:
Qu'est-ce que l'étudiant(e) typique mange régulièrement? Il/elle mange des pâtes.
Qu'est-ce que l'étudiant(e) typique boit régulièrement? Il/elle boit de l'eau.

	bon	mauvais
Modèle: des céréales	√	☐
Modèle: des céréales	☐	√
1. _____	☐	☐
2. _____	☐	☐
3. _____	☐	☐
4. _____	☐	☐
5. _____	☐	☐

NOTE CULTURELLE

Déroulement d'un repas français

On prend l'apéritif avant le dîner pour ouvrir l'appétit. On mange souvent des olives, du saucisson, des chips, et des cacahuettes (peanuts). On prend ou bien des boissons non-alcoolisées comme des jus de fruits ou du coca, ou bien des boissons alcoolisées comme du muscat (a sweet wine from Provence), du pastis (licorice flavored liqueur mixed with water), un kir (white wine with cassis syrup) ou du porto (port). Avec le dîner on boit du vin ou de l'eau. Après le dessert, on prend un café et peut-être un digestif (an alcoholic after-dinner drink, such as a brandy or other liqueur).

Chapitre 5

At home, please go to the Français interactif website. Read the following grammar points in Tex's French Grammar and complete all Texercises which you will turn in to your instructor.

5.6 interrogative words: où, quand, comment...

Interrogative words (où, quand, comment, pourquoi, combien, combien de) are used with either

• *est-ce que:*

Où est-ce qu'elles sont?

or

• *subject/verb inversion:*

Tammy et Bette, où sont-elles? (See 5.7)

*Note that the question word always goes before est-ce que

C. Qu'est-ce que vous pensez des habitudes alimentaires de votre partenaire?

Modèle: Les habitudes de mon/ma partenaire, _____, sont (très bonnes, bonnes, normales, mauvaises ou très mauvaises), parce qu'il/qu'elle mange beaucoup de ....., et boit souvent de.... A mon avis il/elle ne mange pas assez de_____.

Devoirs: Etes-vous d'accord avec votre partenaire? Expliquez et décrivez vos habitudes alimentaires dans un paragraphe de 8 phrases.

Exercice 33. Vendredi soir!

A. Choisissez un étudiant que tout le monde connaît bien. Cette personne va s'éloigner du groupe.

B. Ecrivez le prénom de l'étudiants choisi. Puis complétez chaque phrase d'après les intuitions de votre groupe.

l'étudiant[e]: _____

1. Où est-ce qu'il/elle va vendredi soir? Il/Elle va _____

(au cinéma, à la bibliothèque, au restaurant,)..

2. Avec qui est-ce qu'il/elle va? Il/Elle va avec _____

(ses parents, ses amis, sa copine/son copain,)..

3. Comment est-ce qu'ils vont à cet endroit (that place)? Ils vont à cet endroit _____

(en voiture, à pied, en bus,)..

4. Quand est-ce qu'ils vont à cet endroit? Ils vont à cet endroit _____

(à quelle heure?)

5. Pourquoi est-ce qu'ils vont à cet endroit? Ils vont à cet endroit parce que (+ sujet + verbe) / pour _____

    (+ infinitif) _____

Exercice 34. Les grandes vacances?
A. Transformez les questions suivantes en utilisant l'inversion.

1. Où est-ce que vous allez passer les grandes vacances? _____
   _____

2. Est-ce que vous aimez aller à l'étranger? _____
   _____

3. Qu'est-ce que vous faites en vacances? _____
   _____

4. Avec qui est-ce que vous voyagez? _____
   _____

5. Est-ce qu'il(s)/elle(s) font les mêmes activités que vous? _____
   _____

B. Ensuite posez ces questions à votre professeur.

Exercice 35. Encore des questions!

A. Quelles sont les questions à poser à un camarade de classe pour connaître (know)

1. son nom _____

2. sa nationalité _____

3. son âge _____

4. ses passe-temps préférés _____

B. Quelles sont les questions avec "est-ce que" pour savoir:

1. pourquoi il étudie le français

   _____

2. ce qu'il/elle boit le matin

   _____

3. si il/elle sort souvent

   _____

4. si il/elle a une page sur Facebook

   _____

5. quand il/elle prend le petit déjeuner

   _____

6. où il/elle habite

   _____

C. En classe, posez les questions de la section B à votre partenaire.

D. Devoirs: Ecrivez un dialogue basé sur votre conversation avec au moins 4 questions et 4 réponses complètes.

At home, please go to the Français interactif website. Read the following grammar points in Tex's French Grammar and complete all Texercises which you will turn in to your instructor.

5.7 questions with subject/verb inversion

Inversion is sometimes used to ask formal questions:

- *formed by reversing subject pronoun/verb order.*

Avez vous faim? Préférez vous le vin blanc ou le vin rouge?

Exercice 36. Paul Bocuse.

Connaissez vous Paul Bocuse, le grand chef cuisinier français? Chevalier de la Légion d'honneur et désigné "Cuisinier du Siècle" par Gault-Millau en 1989, il a trois étoiles au Guide Michelin depuis 1965! Voici le menu classique de l'Auberge du Pont de Colonges, son restaurant près de Lyon.

L'Auberge du Pont de Collonges
Le restaurant Paul Bocuse

Présentation
Carte & Menus
Les incontournables de Paul Bocuse
L'équipage
Réservations & Bons cadeau
Informations pratiques

Télécharger la carte et les tarifs

- Menu Classique -
...

Dodine de canard à l'ancienne pistachée et **foie gras de canard** maison
ou
Cassolette de homard à l'Armoricaine
ou
Soupe de grenouilles cressonnière
•

Loup en croûte feuilletée, sauce Choron
(à partir de 2 convives)
ou
Fricassée de volaille de Bresse à la crème et aux morilles
ou
Filet de boeuf Rossini, sauce Périgueux

Sélection de fromages frais et affinés
"Mère Richard"

•

Délices et gourmandises
Petits fours et chocolats

125 € par personne
- • - • - • -

Bocuse.fr

Regardez le menu avec un partenaire.

1. Quel est le prix de ce menu fixe?
   Quels sont les quatre plats (courses)?

   _____
   _____
   _____
   _____

2. Quelle entrée préférez vous? Pourquoi?

   _____
   _____

3. Quel plat principal préférez vous?
   Pourquoi?

   _____
   _____

Exercice 37. Les brasseries de Bocuse.

Heureusement Paul Bocuse a aussi cinq brasseries à Lyon. Ses brasseries sont beaucoup moins chères que son restaurant.

Voici l'addition d'une de ses brasseries. Regardez l'addition avec un partenaire et répondez aux questions suivantes.

1. C'est quelle brasserie?

   _____

2. Quelle est l'adresse de la brasserie?

   _____

3. Comment s'appelle le serveur?

   _____

4. Il y a deux couverts. 'Couvert' veut dire:
   a. place setting
   b. spoon
   c. blank t
   d. person

5. Qu'est-ce que les clients prennent comme apéritif?

   _____

6. Qu'est-ce qu'ils boivent avec le dîner?
   a. de l'eau
   b. du vin rouge
   c. du vin blanc
   d. du café

7. Qu'est-ce qu'ils boivent après le dessert?
   a. de l'eau
   b. du vin rouge
   c. du vin blanc
   d. du café

8. Ils prennent quels plats (courses)?
   a. une entrée + un plat principal
   b. un plat principal
   c. une entrée + un plat principal + un fromage
   d. une entrée + un plat principal + un dessert

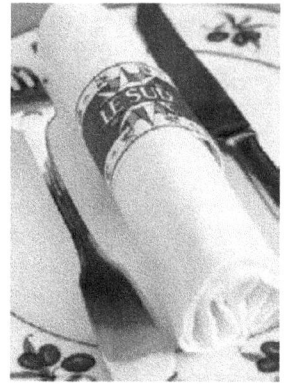

LE SUD

Serveur Serge 2

Table: 203   2 Couvert(s)
Facture: 0434 01 RS   Le 08/07/09

2 KIR   9.60
1 BOURGOGNE RGE   22.00
2 MENU ENTREE PLAT   39.20
2 DESSERT   4.40
1 EXPRESSO   2.20
1 DECAFEINE   2.20

TOTAL EN EURO   79.60

TVA 19.60% :
26.42 x 19.60%   5.18
TVA 5.5% :
45.50 x 5.50%   2.50

L'ÉTABLISSEMENT N'ACCEPTE PLUS LES RÈGLEMENTS PAR CHÈQUE BANCAIRE.
PRIX NET INCLUANT : TVA 19.6 % ET SERVICE 12 %
CETTE FACTURE NE DOIT COMPORTER AUCUNE RECTIFICATION MANUSCRITE.

6

La ville

In this chapter we will learn vocabulary to describe places in a French city and how to give directions. We will also learn to talk about the past.

Vocabulaire

Préparation
du vocabulaire

Be sure
to down-
load
the pdf
vocabulary prepara-
tion template from
the FI website to
complete Exercises
B, E, and F.

! Your instructor
will collect this
homework

La ville	**The city**
une place	public square
une rue	street
un boulevard	boulevard
une avenue	avenue
un quartier	neighborhood
l'arrondissement (m)	administrative district in a large city (e.g. Paris)
le centre-ville	downtown
la banlieue	suburbs
un bâtiment	building
un bureau	office
un immeuble	apartment building
une maison	house
un hôtel	hotel
une boutique	boutique
un magasin (de musique, de vidéo, etc.)	store (music, video, etc.)
un centre commercial	shopping center, mall
un supermarché	supermarke t
un café	café
un restaurant	restaurant
un musée	museum
un cinéma	movie theater
une boîte de nuit / une discothèque	a nightclub, dance club
un théâtre	theater
un stade	stadium
un park ng	park ng lot
un parc	park
un jardin public	park large garden
un fleuve	river
un pont	bridge
une banque	bank
un bureau de poste	post office
une boîte aux lettres	**mailbox**
une cabine téléphonique	phone booth
une laverie	laundromat
l'hôtel de ville (m)	city hall, mayor's office
la mairie	city hall, mayor's office
l'office du tourisme (m)	tourist information office
un hôpital	hospital

un aéroport	airport
une gare	train station
une école (6 ans à 11 ans)	school
un collège (11 ans à 15 ans)	junior high, middle school
un lycée (15 ans à 18 ans)	high school
une université	university
une bibliothèque	library
une église	church
une cathédrale	cathedral
une mosquée	mosque
une synagogue	synagogue
un temple (protestant)	temple

Les petits commerces — Small businesses

une épicerie	grocery store
une boucherie	butcher shop
une charcuterie	pork butcher's shop, deli
un traiteur	deli, catering shop
une boulangerie	bakery
une pâtisserie	pastry shop
un bureau de tabac	tobacco shop
une librairie	bookstore
une papeterie	paper/stationery store
une pharmacie	pharmacy

S'orienter — **Getting your bearings**

Où se trouve... ?	Where is... ?
(Où se trouve la poste?)	(Where is the post office?)
à côté (de)	beside, next to
à deux pas (de)	just a step from
à droite (de)	on the right
à gauche (de)	on the left
au bout (de)	at the far end of
au carrefour (de)	at the intersection of
au centre	in the center
au coin (de)	at the corner of
chez	at someone's house
derrière	behind
devant	in front of
en face (de)	facing, opposite
en ville	in the city
loin (de)	far

Les nombres ordinaux

1st	premier, première
2nd	deuxième
3rd	troisième
4th	quatrième
5th	cinquième
6th	sixième
7th	septième
8th	huitième
9th	neuvième
10th	dixième

11th	onzième
12th	douzième
13th	treizième
14th	quatorzième
15th	quinzième
16th	seizième
17th	dix-septième
18th	dix-huitième
19th	dix-neuvième
20th	vingtième

Vocabulaire

avoir	j'ai eu...
être	j'ai été..
faire	j'ai fait ..
prendre	j'ai pris..
mettre	j'ai mis..
boire	j'ai bu ..
croire	j'ai cru..
voir	j'ai vu..

mourir	il est mort elle est morte
naître	il est né elle est née

près (de)	near, close
sous	under
sur	on
sur votre droite/gauche	on your right/left
tout droit	straight ahead
tout près	nearby

Verbes qui prennent être au passé composé	**Verbs which take être in the passé composé**
aller	to go
sortir	to go out
partir	to leave
rentrer	to go home, to go back
retourner	to return
arriver	to arrive
entrer	to enter
rester	to stay
monter	to go up, to go upstairs, to climb
descendre	to go down, to go downstairs
tomber	to fall
passer	to pass, to go by (intransitive)
naître	to be born
mourir	to die

Autres verbes	**Other verbs**
se déplacer (en ville)	to get around (town)
prendre le métro, un taxi, etc.	to take the metro, a taxi, etc.
aller à pied	to go on foot
marcher	to walk
tourner	to turn
traverser	to cross
continuer	to continue
demander	to ask (for)
se trouver	to be found, to be located
attendre	to wait for
entendre	to hear
perdre	to lose
rendre	to hand in, give back
rendre visite à quelqu'un	to visit someone
répondre	to answer
vendre	to sell

Phonétique

Go to the website for a complete explanation and practice exercises.

Introduction
Regardons la video ensemble pour répondre aux questions suivantes: Qui présente le chapitre? Où est-il / elle? Quels sont les thèmes du chapitre?

NOTE CULTURELLE

Exercice 1. Vous connaissez Paris?
Est-ce que les phrases suivantes sont vraies ou fausses?

Paris

Paris est la plus grande ville de France et la capitale. La ville de Paris est divisée en 20 arrondissements. La Seine court au coeur de Paris et divise la ville en 2 parties, la rive gauche et la rive droite. Les deux rives sont reliées par 37 ponts qui traversent la Seine. Le pont le plus célèbre et le plus ancien s'appelle le Pont Neuf. Il y a aussi beaucoup de monuments à Paris. La Tour Eiffel est le site touristique le plus visité du monde.

	vrai	faux
1. Les Champs-Elysées c'est une avenue.	❑	❑
2. La Sorbonne est un lycée.	❑	❑
3. CDG est une gare.	❑	❑
4. La Comédie Franç ise est un théatre.	❑	❑
5. Le Ritz est un hôtel.	❑	❑
6. La cathédrale de Notre Dame se trouve dans la banlieue.	❑	❑
7. Il y a vingt arrondissements à Paris.	❑	❑
8. Le fleuve qui traverse Paris s'appelle la Loire.	❑	❑
9. Le Louvre est un grand musée.	❑	❑
10. La Tour d'Argent est un restaurant élégant.	❑	❑

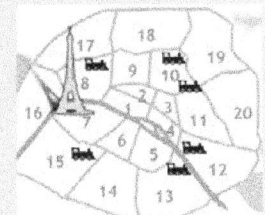

www.asapfrance.info/france/36-000-villes-et-villages/paris-la-capitale

Exercice 2. Où?
Où est-ce qu'on va....

Modèle: Où est-ce qu'on va ... pour poster une lettre?   On va ... au bureau de poste.

_____1. pour voir un match de foot?
_____2. quand on a envie de voyager en train?
_____3. pour trouver des informations sur des sites touristiques?
_____4. pour un rendez vous romantique?
_____5. pour chercher un livre?
_____6. quand on a besoin de calme et de nature?
_____7. pour boire un café?
_____8. pour visiter une exposition?
_____9. pour prendre l'avion?
_____10. pour aller à la messe?

a. au parc
b. à l'église
c. au café
d. à l'aéroport
e. au pont
f. à l'office du tourisme
g. à la gare
h. à la bibliothèque
i. au stade
j. au musée

6.1 –re verbs (regular)

vendre 'to sell'

je	**vends**
tu	**vends**
il elle on }	**vend**
nous	**vendons**
vous	**vendez**
ils elles }	**vendent**

Exercice 3. Quel verbe en -re?

A. Quel verbe en -re associez vous avec…

1. le téléphone _____
2. le bus _____
3. un magasin _____
4. la patience _____
5. la musique _____
6. les devoirs _____
7. une surprise _____
8. mes parents _____

B. Quel verbe en -re est le contraire de..

1. trouver _____
2. acheter _____
3. poser une question _____
4. monter _____

Exercice 4. Grammaire interactive. L'année dernière à Paris.

Qu'est-ce qu'ils ont fait à Paris l'année dernière? (last year) Complétez les phrases suivantes.

> **Modèle:**
> A Austin, Karen n'achète pas de viennoiserie mais l'année dernière à Paris elle a acheté …
> *des croissants*

1. A Austin, Blake mange des hamburgers mais l'année dernière à Paris, il a mangé

    _____

2. A Austin, Leila et Karen ne visitent pas de monuments, mais l'année dernière à Paris, elles ont

    visité_____

3. A Austin, Toño ne prend pas le bus, mais l'année dernière à Paris, il a pris

    _____

4. A Austin, Blake ne va pas au musée, mais l'année dernière à Paris, il est allé

    _____

5. A Austin, Leila ne boit pas d'alcool, mais l'année dernière à Paris, elle a bu

    _____

6. A Austin Toño fait du sport, mais l'année dernière à Paris, il n'a pas fait de

    _____

7. A Austin, Leila et Karen ne sortent pas, mais l'année dernière à Paris, elles sont sorties

    _____

Exercice 5. Grammaire interactive.
Look at the following sentences

À Austin Blake mange des hamburgers mais l'année dernière à Paris, il <u>a mangé</u> des escargots.
À Austin Blake ne va pas au musée, mais l'année dernière à Paris, il <u>est allé</u> au Louvre.

1. Does il a mangé / il est allé refer to the past, present, or future?
How would you translate the sentences above?

2. Look at the boldfaced elements below.
Il **a** mangé / il **est** allé

What are the infinitives of these verbs? _____ and _____

These two verbs are used in the passé composé as auxiliary verbs.

mangé and **sorti** are **past participles**.

3. Fill in the blanks
To express the past, we use the conjugated forms of the auxiliary _____ or _____

with the _____of the verb.

4. Look at the sentences in Exercise 4 and fill in the following table.

INFINITIVE	Avoir	Etre	Past Participle
acheter	√		acheté
1. manger			
2. visiter			
3. prendre			
4. aller			
5. boire			
6. faire			
7. sortir			

5. Look at the following sentence:
      Il n'a pas fait de vélo.

Choose the correct words in parentheses to complete the sentence:

Negation is placed around the (auxiliary / past participle).

6. Look at the following pairs of sentences.

      Il a visité la Tour Eiffel / Elle a visité la Tour Eiffel
      Ills ont mangé un hamburger / Elles ont mangé un hamburger
      Il est allé au Louvre / Elle est allée au Louvre
      Ils sont sortis en boite / Elles sont sorties en boite

What do you notice about the past participle in these sentences?

l'aéroport Roissy Charles de Gaulle à Paris

Quand on arrive à l'aéroport CDG, pour aller au centre ville, on prend un taxi, un bus, ou le RER jusqu'au métro. Du Terminale 2, on va à la gare et on prend la ligne du RER. Le RER (RéseauxExpress Régional) sert les alentours (surrounding areas) de Paris. Les lignes du RER sont indiquées par des lettres. Par contre, le métro est pour se déplacer en ville. Les lignes du métro sont indiquées par des numéros. Voici un ticket pour le RER de Paris à Versailles. N'oubliez pas de composter (punch) votre ticket!

! Parlez uniquement en français! Si la réponse est "OUI", demandez la signature de cette personne. Changez de camarade pour chaque question. Ecoutez atten-tive-ment les questions qu'on vous pose. Ne répondez pas à des questions in-complètes.

Exercice 6. Singulier ou pluriel?
Ecoutez et décidez si le verbe est au singulier ou au pluriel. Ensuite écrivez la phrase.

	singulier	pluriel
Modèle: Il répond au professeur.	√	❑
1. _____	❑	❑
2. _____	❑	❑
3. _____	❑	❑
4. _____	❑	❑
5. _____	❑	❑
6. _____	❑	❑
7. _____	❑	❑
8. _____	❑	❑

Exercice 7. Oui ou non?
A. L'étudiant typique...

	oui	non
1. attend l'autobus tout le temps.	❑	❑
2. perd souvent ses affaires (ses livres, ses cahiers, etc.)	❑	❑
3. répond toujours aux emails (de ses amis, de ses parents).	❑	❑
4. vend ses livres à la fin du semestre.	❑	❑
5. rend visite à ses parents tous les week ends.	❑	❑

B. Vous êtes typique? Pourquoi ou pourquoi pas?

Exercice 8. Qu'est-ce que tu fais?
Posez ces questions à vos camarades.

1. Est-ce que tu attends les vacances impatiemment? _____

2. Est-ce que tu apprends l'espagnol?_____

3. Est-ce que tu réponds souvent en classe? _____

4. Est-ce que tu perds souvent ton temps? _____

5. Est-ce que tu vas vendre tes livres? (à la fin du semestre) _____

6. Est-ce que tu vas rendre visite à tes parents ce week end? _____

7. Est-ce que tu comprends la politique?_____

8. Est-ce que tu prends le bus régulièrement? _____

Short adverbs are placed directly after the verb.

Exercice 9. Sérieux (sérieuse) ou paresseux (paresseuse)

A. Quel type d'étudiant êtes-vous? Lisez les activités suivantes et indiquez la fréquence de chacune dans votre vie.

	toujours	souvent	rarement	ne...jamais
1. Je perds les devoirs.	☐	☐	☐	☐
2. Je réponds aux questions du prof.	☐	☐	☐	☐
3. J'apprends beaucoup.	☐	☐	☐	☐
4. Je comprends la leçon.	☐	☐	☐	☐
5. J'attends la veille (the night before) de l'examen pour réviser.	☐	☐	☐	☐
6. Je rends les devoirs au prof.	☐	☐	☐	☐

B. Comparez vos réponses avec un partenaire. Indiquez la fréquence de chaque activité; utilisez des adverbes. Remplissez le tableau avec les réponses de votre partenaire.

Modèle:
Je perds **toujours** les devoirs. Et toi?
Moi aussi, je perds toujours les devoirs ou Pas moi, je ne perds jamais les devoirs.

---

	toujours	souvent	rarement	jamais
1. Il/Elle perd les devoirs.	☐	☐	☐	☐
2. Il/Elle répond aux questions du prof.	☐	☐	☐	☐
3. Il/Elle apprend beaucoup.	☐	☐	☐	☐
4. Il/Elle comprend la leçon.	☐	☐	☐	☐
5. Il/Elle attend la veille de l'examen pour réviser. Il/Elle rend les devoirs au prof.	☐	☐	☐	☐
6. Je rends les devoirs au prof.	☐	☐	☐	☐

C. Décidez si votre partenaire est plutôt sérieux(se) ou plutôt paresseux(se). Ecrivez au moins 2 phrases pour justifier votre réponse.

Modèle:
X est plutôt paresseux parce qu'il répond rarement aux questions du prof et il attend toujours la veille de l'examen pour réviser.

D. Devoirs pour demain: Est-ce que vous êtes d'accord avec la décision de votre partenaire? Ecrivez un paragraphe de 8 phrases pour justifier votre opinion.

Modèle:
Je suis d'accord avec X. (Je ne suis pas d'accord.) Je suis sérieux parce que j'apprends beaucoup...

Exercice 10. Quel verbe?

1. Les étudiants _____ toujours aux questions du professeur. (attendre, répondre)

2. Quand nous allons au café, nous _____ du thé à la menthe. (prendre, vendre)

3. Chez le pâtissier, on _____des croissants. (descendre, vendre)

4. Vous_____ vos devoirs à votre professeur _____ régulièrement, n'est-ce pas ? (perdre, rendre)

5. Est-ce que tu _____tes clefs (keys) de temps en temps? (descendre, perdre)

6. A chaque heure, nous _____ la cloche (bell) sonner. (entendre, répondre)

7. Je suis un étudiant sérieux. Je ne/n' _____ pas la veille de l'examen pour réviser. (attendre, rendre)

8. Quand je vais en France, je _____le RER jusqu'à Paris. (prendre, entendre)

Exercice 11. Les petits commerces
Trouvez la bonne correspondance.

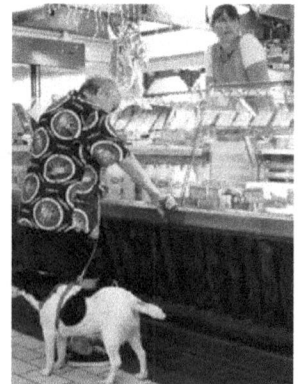

Où est-ce qu'on vend...

_____1. du saucisson et du pâté?	a. à la boucherie.
_____2. des gâteaux et des tartes?	b. à la boulangerie.
_____3. des fruits et du lait?	c. à la charcuterie.
_____4. des cahiers et des stylos?	d. à l'épicerie.
_____5. une baguette et des croissants?	e. au bureau de tabac.
_____6. du poulet et du boeuf?	f. à la pharmacie.
_____7. des timbres et des cigarettes?	g. à la librairie-papeterie.
_____8. de l'aspirine et des vitamines?	h. à la pâtisserie.

Exercice 12. On fait des courses

Choisissez 3 activités de la liste en bas. Annoncez ce que vous allez faire. Votre partenaire va confirmer vos activités en utilisant du vocabulaire de "La Ville" et de "Les Petits Commerces". Cochez (√) les activités complétées. Puis changez de rôle.

Modèle:

- ❑ acheter des timbres
- ❑ voir un film
- ❑ rendre visite à mon prêtre

Partenaire 1: Je vais acheter des timbres, voir un film et rendre visite à mon prêtre.
Partenaire 2: Alors, tu vas aller au bureau de tabac, au cinéma et à l'église, n'est-ce pas?

A FAIRE:

- ❑ acheter des oranges
- ❑ faire du jogging
- ❑ voir un nouveau film
- ❑ prendre un verre de vin
- ❑ envoyer une lettre
- ❑ ʤ rends les devoirs au prof.
- ❑ téléphoner à ma mère
- ❑ demander des brochures touristiques
- ❑ acheter des médicaments
- ❑ voir une exposition de Manet
- ❑ chercher un livre de philosophie
- ❑ écouter un nouveau disque de rap
- ❑ acheter du pâté

At home, please go to the Français interactif website. Read the following grammar points in Tex's French Grammar and complete all Texercises which you will turn in to your instructor.

6.2 contractions with à and de

de + le	**du**
de + les	**des**
à + le	**au**
à + les	**aux**

Exercice 13. C'est où?
Regardez les photos et complétez les phrases avec une préposition logique.

Modèle: Le casino est sur la place.

1. Les gens sont_____ le musée.

2. Le café se trouve _____la rue.

3. Le fleuve est_____le pont.

4. Les étudiants sont _____ les Guilloteau.

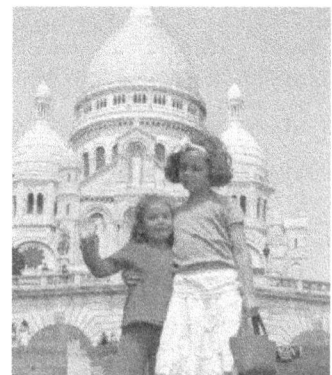

5. La basilique est _____ les filles.

Exercice 14. Traductions.
Traduisez les phrases suivantes en français.

1. The train station is to the right of the post office.

   _____

2. The high school is behind the hospital.

   _____

3. The stadium is close to the university.

   _____

4. The bank is at the end of the street.

   _____

5. The tourist information office is on Place Bellecour.

   _____

6. The pharmacy is just a step away from the catering shop.

   _____

7. The school is across from (faces) the bakery.

   _____

8. The shopping center is far from downtown.

   _____

Exercice 15. Vous connaissez les capitales du monde?
Faites correspondre la capitale avec le pays. Utilisez la forme correcte de:
de + article défini.

Modèle:
Madrid est la capitale de l'Espagne.

____1.	Ottawa	a.	la France
____2.	Niamey	b.	le Maroc
____3.	Paris	c.	les Antilles Néerlandaises
____4.	Camberra	d.	le Canada
____5.	Washington D.C.	e.	le Niger
____6.	Willemstad	f.	l'Australie
____7.	Londres	g.	le Japon
____8.	Tokyo	h.	l'Angleterre
____9.	Berne	i.	la Suisse
____10.	Rabat	j.	les Etats-Unis

Le Louvre et le Musée d'Orsay

Bien sûr il y a beaucoup de musées à Paris. Mais les deux musées les plus connus sont le Louvre et le Musée d'Orsay. Le Louvre, l'ancienne forteresse des rois de France, et un des plus grands musées du monde. On y trouve des sculptures, des objets d'art, des peintures, et des antiquités. Le musée d'Orsay est dans l'ancienne (former) gare d'Orsay. On y trouve beaucoup de sculptures et des oeuvres (works) de Monet, Degas, Manet, Gaugin, Van Gogh, et autres.

At home, please go to the Français interactif website. Read the following grammar points in Tex's French Grammar and complete all Texercises which you will turn in to your instructor.

6.3 demonstrative determiners

ce
cet
cette
ces

Exercice 16. Les activités de Karen.
Complétez les phrases suivantes avec l'article approprié.(au, à la, du, de la,...)

Karen aime l'art et la musique. Le week end elle va souvent _____ musée et _____ concert. Elle adore la mer. Elle aime faire _____ bateau, et elle fait _____ planche à voile. Elle va souvent _____ campagne ou _____ parc pour faire _____ vélo, mais elle ne fait pas de moto. Les motos sont dangereuses.

Exercice 17. Cette université
Est-ce que les phrases suivantes sont vraies ou fausses?

		vrai	faux
1.	Cette université est grande.	☐	☐
2.	Ce cours de franç is commence à midi.	☐	☐
3.	Ces étudiants sont travailleurs.	☐	☐
4.	Ce professeur est blond.	☐	☐
5.	Cet exercice est difficile.	☐	☐
6.	Ces étudiantes sont intelligentes.	☐	☐
7.	Cet après-midi il va faire beau.	☐	☐
8.	Ce vendredi il y a un examen.	☐	☐

(cc) BY   2019 COERLL - French Department   **Page 150 of 345**   University of Texas at Austin

Exercice 18. Tu préfères...?
Indiquez ce que vous préférez

> **Modèle:**
> this bank > cette banque

1. this airport > _____
2. that cathedral > _____
3. that restaurant >_____
4. those stores > _____
5. this bakery > _____
6. that café > _____
7. those hotels > _____
8. that train station > _____

Exercice 19. Déjà ou pas encore?
ImaginezＥ. st-ce que votre professeur a déjà (already) fait ces activités ou est-ce qu'il/elle n'a pas encore (not yet) fait ces activités **aujourd'hui**?

	déjà	pas encore
Modèle: Il/Elle a bu du vin. (Mais non, il/elle n'a pas encore bu de vin.)	❏	√
1. Il/Elle a répondu aux emails.	❏	❏
2. Il/Elle a dit bonjour aux étudiants.	❏	❏
3. Il/Elle a pris le déjeuner.	❏	❏
4. Il/Elle a regardé la télé.	❏	❏
5. Il/Elle a fait du sport.	❏	❏
6. Il/Elle a parlé au téléphone.	❏	❏

At home, please go to the Français interactif website. Read the following grammar points in Tex's French Grammar and complete all Texercises which you will turn in to your instructor.

6.4 passé composé with avoir

je	ai mangé
tu	as mangé
il *elle* *on* }	a mangé
nous	avons mangé
vous	avez mangé
ils *elles* }	ont mangé

To negate a sentence in passé composé, place ne...pas around auxiliary avoir.

Irregular past participles:

avoir	j'ai eu...
être	j'ai été..
faire	j'ai fait ..
prendre	j'ai pris..
mettre	j'ai mis..
boire	j'ai bu ..
croire	j'ai cru..
voir	j'ai vu..

Exercice 20. Qu'est-ce qu'elles ont fait?
Trouvez la phrase correcte pour décrire chaque image.

_____a. Elle a chanté.

_____b. Elle a cherché sa soeur.

_____c. Elle a trouvé des cadeaux.

_____d. Elle a parlé au téléphone.

_____e. Elle a choisi les Teletubbies.

_____f. Elle a dansé.

Exercice 21. Tout le temps ou hier?
Ecoutez les phrases suivantes et décidez si les phrases décrivent les activités habituelles de Tex (tout le temps) ou ses activités au passé (hier). Ensuite écrivez la phrase.

	tout le temps	hier
Modèle: Il boit du café au lait.	√	❑
1. _____	❑	❑
2. _____	❑	❑
3. _____	❑	❑
4. _____	❑	❑
5. _____	❑	❑
6. _____	❑	❑
7. _____	❑	❑
8. _____	❑	❑

Exercice 22. Est-ce que vous connaissez (know) bien votre professeur?
En groupes de 3 ou 4 devinez (guess) ce que votre professeur a fait hier.

1. Le professeur a dîné...
   a. au restaurant indien.
   b. au restaurant tex-mex.
   c. au restaurant franç is.
   d. à la maison

2. Le professeur a écouté...
   a. de la musique classique.
   b. du jaz
   c. du hip-hop.
   d. les informations à la radio

3. Le professeur a fait...
   a. une promenade.
   b. du vélo.
   c. la cuisine.
   d. des corrections.

4. Au supermarché, le professeur a choisi une bouteille...
   a. de coca-cola.
   b. de vin rouge.
   c. de vin rosé.
   d. de lait.

5. Le professeur a rendu visite...
   a. à des amis.
   b. à sa mère.
   c. à son copain/ sa copine.
   d. à un collègue.

6. Le professeur a regardé...
   a. un film français.
   b. la télé.
   c. un match de foot.
   d. un concert.

Quel groupe connaît le prof le mieux?

Exercice 23. Les fêtes!

Lisez les activités de Tammy et décidez pour quelle fête elle a fait chaque activité.

_____1. Tammy a mangé de la dinde avec sa famille.
_____2. Tammy a porté un t-shirt vert.
_____3. Tammy a bu du champagne.
_____4. Tammy a acheté des cadeaux (gifts) pour toute sa famille.
_____5. Tammy a donné des chocolats à Tex.

a. la St-Sylvestre (le 31 décembre)
b. Noël
c. la St-Patrick
d. Thanksgiving
e. la St-Valentin

Exercice 24. Qu'est-ce que tu as fait la semaine dernière?

Posez ces questions à vos camarades.

1. Est-ce que tu as rencontré tes amis au cinéma?_____

2. Est-ce que tu as dîné au restaurant?_____

3. Est-ce que tu as étudié le français?_____

4. Est-ce que tu as réussi un examen? _____

5. Est-ce que tu as fini tes devoirs?_____

6. Est-ce que tu as rendu visite à tes parents? _____

7. Est-ce que tu as pris l'autobus?_____

8. Est-ce que tu as répondu en classe?_____

Exercice 25. Et pendant les vacances?

A. Regardez les activités suivantes et complétez les phrases pour parler de vos vacances.

1. J'ai écouté _____(du rap, du rock, autre)

2. J'ai été _____ (actif/active, paresseux/paresseuse, autre)

3. J'ai rendu visite à _____ (mes parents, mes amis, autre)

4. J'ai voyagé _____ (à Houston, en France, autre)

5. J'ai regardé _____ (la télévision, un film, autre)

6. J'ai joué _____ (au basket, aux cartes, autre)

B. Ensuite, en classe, vous allez comparer vos activités avec celles d'un partenaire.

Modèle:
Qu'est-ce que tu as écouté pendant les vacances?
Moi, j'ai écouté du rock Et toi? J'ai écouté de la musique classique.

C. Est-ce que vous avez fait les mêmes activités pendant les vacances?

Modèle:
Oui et non.
Tous les deux, nous avons voyagé à Dallas. Mais j'ai aussi voyagé à New York

Exercice 26. Vous connaissez (do you know) les Etats-Unis?

A. Regardez les activités suivantes et indiquez si vous avez déjà fait ces activités ou jamais.

Activités:	Oui, déjà	Non, jamais
1. J ai mangé de la pia à Chicago.	❑	❑
2. J ai pris un taxi à Los Angeles.	❑	❑
3. J ai fait du bateau en Floride.	❑	❑
4. J ai visité Alcatraz	❑	❑
5. J ai bu du café à Seattle.	❑	❑
6. J ai fait du sk dans le Colorado.	❑	❑
7. J ai vu une pièce de théâtre à Broadway.	❑	❑
8. J ai dansé dans un club à la Nouvelle Orléans.	❑	❑
9. J ai rencontré des amis au Nouveau Mexique.	❑	❑

B. Comparez vos réponses en A avec un partenaire. Remplissez le tableau avec les réponses de votre partenaire.

> **Modèle:** J'ai déjà mangé de la pizza à Chicago. Et toi?
> Moi aussi, j'ai déjà mangé de la pizza à Chicago.
>   or
> Pas moi, je n'ai pas encore mangé de pizza à Chicago.

Activités:	Oui, déjà	Non, pas encore
1. Il/Elle a mangé de la pizza à Chicago.	❑	❑
2. Il/Elle a pris un taxi à Los Angeles.	❑	❑
3. Il/Elle a fait du bateau en Floride.	❑	❑
4. Il/Elle a visité Alcatraz	❑	❑
5. Il/Elle a bu du café à Seattle.	❑	❑
6. Il/Elle a fait du ski dans le Colorado.	❑	❑
7. Il/Elle a vu une pièce de théâtre à Broadway.	❑	❑
8. Il/Elle a dansé dans un club à la Nouvelle Orléans.	❑	❑
9. Il/Elle a rencontré des amis au Nouveau Mexique.	❑	❑

C. Posez les questions suivantes à votre partenaire. Qu'est-ce qu' il/elle a vu d'autre aux Etats-Unis?

	moi	mon partenaire
Tu as visité quelles villes?	_____	_____
Tu as vu quels monuments?	_____	_____
Tu as fait quelles activités?	_____	_____
_____ ....?	_____	_____

D. Devoirs. Est-ce que votre partenaire connaît les Etats-Unis mieux ou moins bien que vous? Justifiez votre réponse avec des exemples. Ecrivez un bon paragraphe de 8 phrases.

> **Modèle:**
> Mon/Ma partenaire, X, connaît mieux les Etats-Unis que moi (connaît moins bien les Etats-Unis que moi), parce qu'il/elle a déjà vu une pièce de théâtre à Broadway et il/elle a fait du ski dans le Colorado.

Exercice 27. Qu'est-ce que M et Mme Guilloteau ont fait ce week-end?

Complétez les phrases suivantes avec le verbe qui convient, conjugué au passé composé. Utilisez chaque verbe une fois.

jouer   dîner   faire   regarder   boire   oublier   visiter   rendre   écouter

Ce week end M et Mme Guilloteau _____ beaucoup de choses! Vendredi soir,

ils _____

au restaurant et ils _____du très bon vin. Samedi

matin, elle _____ au tennis avec son mari. Ensuite

ils _____

leur musée préféré. Samedi soir, ils _____ du jaz dans un club. Dimanche

matin, ils _____ un peu la télévision et ensuite, ils

_____visite à des amis.

Exercice 28. Et vous?

Posez les questions suivantes à un partenaire.

1.   Qu'est-ce que tu as mangé hier soir?
2.   Quand est-ce que tu as fait tes devoirs?
3.   Quel(s) film(s) est-ce que tu as vu récemment?
4.   Avec qui est-ce que tu as parlé en classe aujourd'hui?
5.   A qui est-ce que tu as rendu visite le week end dernier?
6.   Qu'est-ce que tu as bu avec ton dîner hier soir?

Partagez vos réponses avec la classe. Est-ce que vous avez les mêmes habitudes ou quelques habitudes en commun?

L'ALAMO D'ÊTRE

2019 COERLL - French Department   University of Texas at Austin

---

At home, please go to the Français interactif website. Read the following grammar points in Tex's French Grammar and complete all Texercises which you will turn in to your instructor.

6.5 passé compos with être

je	**suis allé(e)**
tu	**es allé(e)**
il elle on	**est allé est allée**
nous	**sommes allé(e)s**
vous	**êtes allé(e)(s)**
ils elles	**sont al- lées**

To negate a sentence in passé composé, place ne…pas around auxiliary être

Irregular past participles:

mourir	**il est mort elle est morte**
naître	**il est né elle est née**

Exercice 29. Qu'est-ce que Laila a fait hier soir?

Laila s'est bien amusée (had a lot of fun) hier soir. Elle téléphone à un ami pour lui dire ce qu'elle a fait. Mettez ses phrases en ordre chronologique. (#1-9).

_____a. J'ai regardé la télé jusqu'à une heure du matin.

_____b. J'ai écouté de la musique et j'ai dansé avec mes amis.

_____c. J'ai mangé un sandwich avant de partir.

_____d. J'ai rencontré mes amis au bar.

_____e. J'ai fini mes devoirs à 20h30.

_____f. J'ai téléphoné à mes amis à 20h10. On a décidé d'aller à un concert à 21h.

_____g. Après le concert, nous sommes allés au café.

_____h. J'ai pris un taxi pour rentrer.

_____i. Je suis arrivée chez moi à minuit.

Exercice 30. Avoir ou être?

Ecoutez les phrases et décidez si l'auxiliaire de chaque phrase au passé composé est avoir ou être. Ensuite écrivez la phrase.

	avoir	être
Modèle: Elle a fait ses devoirs.	√	☐
1. _____	☐	☐
2. _____	☐	☐
3. _____	☐	☐
4. _____	☐	☐
5. _____	☐	☐
6. _____	☐	☐
7. _____	☐	☐
8. _____	☐	☐

Exercice 31. Qu'est-ce que tu as fait hier?

Posez ces questions à vos camarades.

1. Est-ce que tu es sorti(e)?_____

2. Est-ce que tu es allé(e) à la bibliothèque?_____

3. Est-ce que tu es arrivé(e) en retard (late) pour la classe?_____

4. Est-ce que tu es resté(e) à la maison hier soir? _____

5. Est-ce que tu es rentré(e) avant minuit? _____

6. Est-ce que tu es déjà tombé(e) amoureux/amoureuse? _____

7. (Pas hier!) Est-ce que tu es né(e) à Austin? _____

! Parlez uniquement en français! Si la réponse est "OUI", demandez la signature de cette personne. Changez de camarade pour chaque question. Ecoutez attentivement les questions qu'on vous pose. Ne répondez pas à des questions incomplètes.

Exercice 32. Au restaurant

A. Parlez de la dernière fois que vous avez mangé au restaurant.

1. Je suis sorti(e) avec _____ (avec qui?)
2. Je suis parti(e) de la maison à _____ (à quelle heure?)
3. Nous sommes allé(e)s à _____ (à quel restaurant?)
4. Nous sommes arrivé(e)s au restaurant _____ (à quelle heure?)
5. Nous sommes resté(e)s _____ (combien de temps, une heure, deux heures?)
6. Après, nous sommes allé(e)s à _____ (où?)
7. Je suis rentré(e) _____ (à quelle heure?)
8. Le lendemain (the next day) je suis resté(e) au lit jusqu'à (until) _____ (quelle heure?)

B. Ensuite, en classe, vous allez comparer votre soirée avec la soirée d'un partenaire. Complétez les phrases suivantes.

1. Il/Elle est sorti(e) avec _____ (avec qui?)
2. Il/Elle est parti(e) de la maison à _____ (à quelle heure?)
3. Ils/Elles sont allé(e)s à _____ (à quel restaurant?)
4. Ils/Elles sont arrivé(e)s au restaurant _____ (à quelle heure?)
5. Ils/Elles sont restés(e)s _____ (combien de temps?)
6. Après, ils/elles sont allé(e)s à _____ (où?)
7. Il/Elle est rentré(e) _____ (à quelle heure?)
8. Le lendemain il/elle est resté(e) au lit jusqu'à _____ (quelle heure?)

C. Qui a eu la meilleure (best) soirée, vous ou votre partenaire? Pourquoi? Rapportez votre décision à la classe. Justifiez votre réponse.

Exercice 33. Les grandes vacances.

A. Choisissez un(e) étudiant(e) dans la classe que tout le monde connaît assez bien. Cette personne va s'asseoir dans le couloir pendant que les autres étudiants font cet exercice.

B. En groupes de 3 ou 4, écrivez le nom de cette personne dans le premier blanc. Puis, complétez chaque phrase.

l'étudiant[e]: _____

1. est allé(e) _____ (quelle destination?)

2. est parti(e) _____ (quelle saison?)

3. a écouté _____ (quelle sorte de musique?/quel groupe musical?)

4. a rencontré _____ (quelqu'un de célèbre)

5. est sorti(e) _____ (avec quelqu'un?/quand?/où?)

6. n'a pas aimé _____ (?)

7. est resté(e) _____ (avec qui?/où?)

8. est rentré(e) _____ (quand?)

C. Quel groupe connaît le mieux (knows best) l'étudiant(e)? Chaque groupe va annoncer ses résultats à la classe. Puis, l'étudiant(e) va donner les réponses correctes. Votre groupe a combien de réponses correctes? Quel groupe a gagné? Quel groupe connaît cette personne le mieux?

Exercice 34. Qu'est-ce qu'ils ont fait?

Indiquez quelle photo correspond avec chaque phrase.

1. Elles sont parties.
2. Ils sont restés à la maison.
3. Il est arrivé.
4. Ils sont sortis.
5. Il est allé à l'Alamo.
6. Ils sont morts.

_____a.   _____b.   _____c.

_____d.   _____e.   _____f.

Dictogloss 1. Le week-end du professeur

Formez des groupes de 3 ou 4 personnes. Ecoutez le texte lu par votre professeur. Complétez les phrases suivantes et donnez le plus de détails possibles.

Samedi_____

_____

_____

_____

_____

_____

_____

Dimanche_____

_____

_____

_____

_____

_____

_____

Exercice 35. La journée de Tammy

Complétez les phrases suivantes avec la forme correcte du verbe au passé composé.

TAMMY ET BETTE SONT DANS UN CAFÉ PRÈS DU CAMPUS

Tex
1. Qu'est-ce que tu _____ (faire) hier?

2. Je/J' _____ (téléphoner) toute la journée

3. et je/j' _____ (attendre) ton coup de téléphone.

Tammy:
4. Je me suis réveillée à huit heures du matin, et

je/j'_____(prendre) le petit déjeuner avec mes parents.

5. Puis ma mère et moi _____(faire) des courses.

6. Nous _____(aller) à la pharmacie.

7. Puis nous _____(acheter) une tarte à la pâtisserie,

8. et nous _____(rendre) visite à ma tante.

9. Nous _____(déjeuner) chez ma tante.

10. Ensuite ma mère et ma tante _____(boire) du thé,

11. et je/j' _____(regarder) une vidéo avec ma cousine.

12. Plus tard, ma mère _____ (retourner) à la maison.

13. A sept heures du soir, je/j' _____ (sortir)

avec mon amie Sophie.

14. Tex, tu _____(rencontrer) Sophie la

semaine passée.

15. Sophie et moi _____(dîner) dans un

nouveau restaurant italien,

16. et puis nous _____(voir) un film au cinéma.

17. Après le film, nous _____(aller) au café, et

18. je/j'_____(choisir) un café au lait.

19. Je/J' _____ (rentrer) chez moi à une heure

du matin.

Tex
20. Quelle histoire! Est-ce que tu _____ (finir)?

7 Les fêtes

In this chapter we will talk about French holidays and traditions and how to describe childhood memories.

Vocabulaire

Préparation du vocabulaire

Be sure to download the pdf vocabulary preparation template from the FI website to complete Exercises B, E, and F.

! Your instructor will collect this homework

! The French often take an extra day off from work when a holiday falls on Tuesday or Thursday. If the holiday falls on Tuesday, they take Monday off, and if the holiday falls on Thursday, they take Friday off thus "making a bridge" between the holiday and the weekend. The expression used for this is "faire le pont".

Chapitre 7

Les fêtes	Holidays
les jours fériés	national holidays (indicated below by *)
*le d ur de l'An, le premier janvier	New Year's Day
la Chandeleur, le 2 février	Candlemas (Crêpe Day, a Catholic feast day)
la Saint-Valentin, le 14 février	Valentine's Day
le Carnaval (Mardi Gras)	Mardi Gras, Carnival
La pâque juive / Pessach	Passover
*Pâques	Easter
le Premier Avril	April Fool's Day
*la fête du Travail, le 1er mai	Labor Day
*le 8 mai, la fête de la Victoire	VE Day (Victory in Europe)
*l'Ascension (f)	Ascension Day
la fête des mères	Mother's Day
la fête des pères	Father's Day
la Pentecôte (*lundi de Pentecôte)	Pentecost
*la fête nationale, le 14 juillet	Bastille Day, French National Day
*le 15 août, l'Assomption (f)	the feast of the Assumption
Halloween	Halloween
Yom Kippour	Yom Kippur
Rosh Hashana	Rosh Hashana
*la Toussaint, le 1er novembre	All Saints' Day
*l'Armistice (m), le 11 novembre	Armistice Day
le Ramadan	Ramadan
Hanouk a	Hannuk h
*Noël (m), le 25 décembre	Christmas
la Saint-Sylvestre, le 31 décembre	New Year's Eve

Expressions	Expressions
Bonne Année!	Happy New Year!
Bonne fête!	Happy Saint's Day!
Bon (d yeux) anniversaire!	Happy Birthday!
Meilleurs Voeux!	Best wishes!
Poisson d'avril!	April Fool!
d yeuses Pâques!	Happy Easter!
d yeux Noël!	Merry Christmas!

Rites et coutumes	Rituals and customs
le réveillon	Christmas Eve or New Year's Eve party
des feux d'artifice (m)	fireworks
un défilé (militaire)	(military) parade
une fête	saint's day, celebration, party
un anniversaire	birthday, anniversary
un gâteau	cake
une bougie	candle
un cadeau	gift
les noces (f pl)	wedding
un anniversaire de mariage	wedding anniversary
une cérémonie	ceremony
le champagne	champagne
le muguet	lily of the valley
des blagues (f)	jokes
des costumes (m)	costumes
des crêpes (f)	crepes
un pique-nique	picnic
la bûche de Noël	Yule log (also a cake in the shape of a Yule log)
une carte de voeux	greeting card
le gui	mistletoe
le Père Noël	Santa Claus
le sapin de Noël	Christmas tree
la crèche	nativity
la messe	mass
le sabbat / le shabbat	sabbath

Verbes	Verbs
célébrer	to celebrate
faire la fête	to party
fêter	to celebrate
réveillonner	to celebrate Christmas or New Year's Eve
inviter	to invite
offrir	to give
donner	to give
recevoir	to receive
ouvrir	to open
souffler	to blow out (candles)
plaisanter	to joke
faire un poisson d'avril	to play a joke (on someone) on April Fool's Day
faire le pont	*literally 'to make a bridge'

verb: recevoir

recevoir 'to receive'

je	reçois
tu	reçois
il elle on	reçoit
nous	recevons
vous	recevez
ils elles	reçoivent

Phonétique

Go to the website for a complete explanation and practice exercises.

Introduction

Watch the introductory video to Chapitre 2 to answer the following questions: Qui présente le chapitre? Où est-il / elle? Quels sont les thèmes du chapitre?

NOTE CULTURELLE

La fête nationale

Le 14 juillet est la fête en souvenir de la Révolution de 1789 et la prise de la Bastille. Côté officiel, il y a de nombreux défilés militaires sur les Champs Elysées à Paris et dans toutes les villes. Côté populaire, c'est la fête avec des feux d'artifice, des concerts et des bals sur les places publiques qui commencent le 13 juillet.

Les jours fériés de mai

(un jour férié = un jour où on ne travaille pas) Pendant le mois de mai en France, les Français ne travaillent pas beaucoup.
D'abord, il y a la fête du Travail, le 1er mai. Après, on a la fête de la Victoire, le 8 mai. L'Ascension et la Pentecôte tombent aussi au mois de mai. On ne travaillent jamais le lundi après la Pentecôte.
On fait le pont souvent au mois de mai, ce qui permet à beaucoup de gens de ne pas travailler que (only) pendant deux semaines. De plus, les Français ont cinq semaines de congés payés chaque année, et d'autres fêtes comme Noël, Paques, etc. Les Français sont les champions de vacances dans le monde avec 37 jours par an.

Exercice 1. Quelle est votre fête préférée?

A. Regardez les activités suivantes et faites une liste des fêtes où…

1. on offre des cadeaux à notre famille._____
2. on passe du temps avec notre famille. _____
3. on célèbre un événement religieux._____
4. on invite des amis chez nous. _____
5. on offre des fleurs. _____
6. on regarde des feux d'artifice. _____
7. on mange du gâteau._____

B. Comparez vos réponses avec celles d'un partenaire.

C. Maintentant, discutez votre fête préférée. Quelle est votre fête préférée et pourquoi? Faites une liste d'activités que vous associez avec cette fête.

Modèle:
Je préfère mon anniversaire parce que… OU Ma fête préférée est mon anniversaire parce que…

D. Comparez votre réponse avec la réponse de votre partenaire. Est-ce que vous avez choisi la même fête? Quelle fête préfère votre partenaire? Pourquoi? (2 raisons)

Devoirs: Pour demain, écrivez un paragraphe de 8 phrases pour faire une comparaison entre vous et votre partenaire. Quelles sont vos fêtes préférées et pourquoi?

Modèle:
Ma fête préférée est X parce que… Mon/ma partenaire préfère X parce que…

Exercice 2. Quel verbe?
Quels verbes associez vous avec…

ouvrir   couvrir   découvrir   offrir   rendre   souffrir

1. les cadeaux _____

2. une bouteille de champagne _____

3. une fenêtre_____

4. Jacques Cartier (un explorateur français) _____

5. une migraine _____

Exercice 3. Qu'est-ce que tu fais?

1. Est-ce que tu sors en costume pour fêter Halloween? _____

2. Est-ce que tu manges de la dinde à Thanksgiving? _____

3. Est-ce que tu célèbres Noël avec un sapin et une crèche?_____

4. Est-ce que tu bois du champagne pour la Saint-Sylvestre? _____

5. Est-ce que tu fais la fête souvent le week end? _____

6. Est-ce que tu regardes des feux d'artifices le 4 juillet? _____

7. Est-ce que tu rends visite à ta mère pour la fête des mères? _____

8. Est-ce que tu fêtes ton anniversaire avec un défilé? _____

! Parlez uniquement en français! Si la réponse est "OUI", demandez la signature de cette personne. Changez de camarade pour chaque question. Ecoutez attentivement les questions qu'on vous pose. Ne répondez pas à des questions incomplètes.

Exercice 4. Grammaire interactive. Les fêtes.
Look at the following sentences

Le Jour de l'An,   les Américains **le** fêtent.
La Toussaint,   les Américains ne **la** fêtent pas.
Halloween   les Américains **l'**adorent.
Les jours fériés,   les Français **les** adorent.
Thanksgiving,   les Français ne **le** fêtent pas.

1. How would you translate the sentences above?
2. What part of speech are the words in bold?

3. Fill in the blanks:
a. The direct object pronoun _____ is used to refer to a **masculine** noun before a **consonant**.
b. The direct object pronoun _____ is used to refer to a **feminine** noun before a **consonant**.
c. The direct object pronoun _____ is used to refer to a **singular** noun before a **vowel or mute "h"**.
d. The direct object pronoun _____ is used to refer to a **plural** noun.

4. What do you notice about the position of the direct object pronouns in the sentences below?
Le Jour de l'An, les Américains le fêtent.
La Toussaint, les Américains ne la fêtent.pas.

The direct object pronoun is placed _____ the verb.
In the negative, the direct object pronoun is placed _____ the verb.

Exercice 5. Le faire part du mariage des Guilloteau.
Répondez aux questions suivantes.

Madame Clarke
a l'honneur de vous faire part
du mariage de sa fille
Nancy
avec
Monsieur Franck Guilloteau
fils de
Monsieur et Madame Guilloteau
le samedi quinze juillet
mil neuf cent quatre-vingt-quinze
à dix heures et demie
à l'église Our Lady of Mercy
Bâton Rouge, Louisiane

Réception immédiatement après
1185 Colonial Drive

1. Quelle est la date de leur anniversaire de mariage? _____
   _____

2. En quelle année était la cérémonie? (en chiffres)?
   _____
   _____

3. A quelle heure était la cérémonie?
   _____
   _____

4. Où était la cérémonie?
   _____
   _____

5. Quel est le nom de jeune fille de Nancy?
   _____
   _____

Exercice 6. L'almanach.
Consultons le site web http://www.almanach.free.fr.
Répondons aux questions suivantes.
L'almanach (= calendar with the name of the saints and the fête)

janvier -juin
1. Quels sont les jours fériés?
2. Quel saint fête-t-on le 14 février?
3. Quelle est la date:
- du mardi gras?
- de la fête des mères?
- de la fête des pères?

juillet-décembre
1. Quelles sont les jours fériés?
2. Quel saint fête-t-on le 31 décembre?

Consultez le même site web. Quel saint fête-t-on le jour de votre anniversaire?

Exercice 7. Les cartes de vœux.

Associez chaque (each) carte avec sa fête. Ensuite, associez chaque (each) carte au message qui convient (A -I). Notez vos réponses dans le tableau ci-dessous (below).

Fête	Message
Modèle: la fête des mères	E

un anniversaire
le nouvel an
la Saint-Valentin
la fête des grands-mères
la fête du travail

la fête des mères
la fête des pères
la fête nationale
Noël

Les messages:

A.
Je t'offre cette carte et un brin de muguet pour te porter bonheur !
Profite bien de cette journée !
Amitiés,

Jean-Charles

PS-Est-ce que tu fais le pont ?

B.
Mais non, tu ne vieillis pas !
Tu es toujours jeune, beau et dynamique!
Je te souhaite un très bon anniversaire !
Amuse-toi bien en cette journée,
Bisous,

Virginie

C.
Je vous souhaite mes meilleurs voeux pour cette nouvelle année,
Cordialement,

Franck Guilloteau

D.
Je t'aime à la folie ! Tu es l'amour de ma vie !

Franck

E.
Bonne fête à la plus jolie des mamans,
Je t'aime,

Audrey

F.
Bonne fête Mamy !
Gros bisous,

Camille

G.
Je te souhaite un Joyeux Noël et un excellent réveillon en famille !
Affectueusement,

Stéphanie

H.
As-tu envie d'aller voir les feux d'artifice avec nous ce soir?
Appelle-nous !

Jean-Charles

I.
Bonne fête au meilleur papa du monde !
Bisous,

Camille et Audrey

Réussite, bonheur
Amour, argent, succès,
santé, travail
et aussi de gros bisous

Cette carte
est pleine de bons voeux
pour la
Nouvelle Année

NOTE CULTURELLE

Noel et la Saint-Sylvestre

Noël est une fête religieuse pour certains, pour d'autres un événement du calendrier avec des cadeaux. Le menu familial se compose traditionnellement de foie gras, d'huîtres (oysters), de dinde ou d'oie farcie (stuffed goose), et d'une bûche de Noël (gâteau roulé et décoré qui ressemble au morceau de bois (wood) que l'on brûlait dans la cheminée).

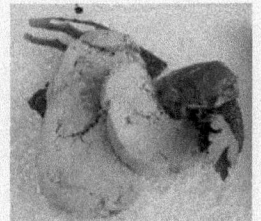

La Saint-Sylvestre est le 31 décembre et les Français préparent le réveillon. Ce repas de fête dure une partie de la nuit pour saluer l'année nouvelle entre amis, à la maison ou au restaurant. On dit que souhaiter (to wish) « bonne année » sous une boule de gui (mistletoe) porte chance (brings luck).

Exercice 8. Meilleurs vœux!

A. Regardez la carte de vœux à la page précédente (previous page) et trouvez les équivalents.

good wishes _____

love _____

success _____

happiness _____

work_____

health _____

money _____

Est-ce qu'on envoie des cartes de vœux pour la Nouvelle Année aux Etats-Unis?

B. Consultez les messages et les expressions des Exercices 6 et 7. Ecrivez une carte de vœux.

Exercice 9. Qui a fait ça?

Connaissez-vous ces célébrités historiques? Qu'est-ce qu'ils ont fait?

_____ 1. Walter Cronkte...   a. ont découvert le radium

_____ 2. Rosa Parks. ..   b. a offert un message de paix (peace) au monde

_____ 3. Mahatma Gandhi...   c. a couvert les événements historiques comme journaliste.

_____ 4. Pierre et Marie Curie...

_____ 5. Van Gogh et   d. ont souffert d'alcoolisme

Baudelaire...   e. a ouvert la porte aux droits des citoyens d'origine africaine aux Etats-Unis

Caricatures reprinted with permission from www.magik .com

Exercice 10. En ce qui concerne...

Avec un partenaire, complétez les phrases suivantes avec la réponse qui est vraie pour vous.

En ce qui concerne...	Oui ou Non?
...le petit déjeuner	❑ Oui, je le prends toujours. ❑ Non, je ne le prends pas souvent.
...les devoirs	❑ Oui, je les fais toujours. ❑ Non, je ne les fais pas toujours.
...la télé	❑ Oui, je la regarde tout le temps. ❑ Non, je ne la regarde pas trop.
...la radio	❑ Oui, je l'écoute de temps en temps. ❑ Non, je ne l'écoute jamais.
...l'espagnol	❑ Oui, je le parle de temps en temps. ❑ Non, je ne le parle jamais.
...le président des Etats-Unis	❑ Oui, je l'admire beaucoup. ❑ Non, je ne l'admire pas vraiment.
...la leçon de français	❑ Oui, je la comprends. ❑ Non, je ne la comprends pas.
...les sciences	❑ Oui, je les étudie. ❑ Non, je ne les étudie pas.
...les musées	❑ Oui, je les visite souvent. ❑ Non, je ne les visite pas souvent.

At home, please go to the Français interactif website. Read the following grammar points in Tex's French Grammar and complete all Texercises which you will turn in to your instructor.

7.1 -ir verbs (irregular)

ouvrir 'to open'

je	ouvre
tu	ouvres
il elle on }	ouvre
nous	ouvrons
vous	ouvrez
ils elles }	ouvrent

Exercice 11. Qui ?

Complétez les phrases suivantes.

1. _____ m'adorent.
2. _____ me déteste.
3. _____ m'écoutent.
4. _____ me comprend.
5. _____ m'invite chez lui.

Ensuite vous allez comparer vos réponses avec celles d'un/d'une camarade. Avez-vous les mêmes réponses?

Modèle: Qui t'adore? Ma mère **m'**adore.

Le jour des Rois Mages ou l'Epiphanie

Le 6 janvier c'est une fête pour les chrétiens, le jour des Rois Mages, ou l'Epiphanie. La «galette des rois» est le gâteau préféré de tous au mois de janvier. Si la recette change selon la région, partout on y cache (hide) une petite figurine: «une fève» (charm). Si tu la découvres dans ta part (portion), tu vas être le roi ou la reine du jour et tu vas recevoir une couronne (crown) en papier doré (golden).

Exercice 12. Sondage: Réciprocité?

A. Cochez la colonne (√) appropriée.

	oui	non
1. Mes amis m'admirent...	☐	☐
...et je les admire.	☐	☐
2. Mes parents me comprennent...	☐	☐
...et je les comprends.	☐	☐
3. Les profs me respectent...	☐	☐
...et je les respecte.	☐	☐
4. Mon médecin m'écoute...	☐	☐
...et je l'écoute.	☐	☐
5. Mon patron (boss) m'apprécie...	☐	☐
...et je l'apprécie.	☐	☐
6. Mon copain / ma copine m'adore...	☐	☐
...et je l'adore.	☐	☐

B. Pour la classe entière, quels sont les résultats ?

Exercice 13. Devinettes

Trouvez les réponses possibles aux devinettes suivantes. Faites attention à la forme du pronom.

Modèle: On l'attend le matin pour aller en classe.	le =	bus

1. On **le** parle avec le professeur.   le = _____

2. On **la** fête le 1er novembre.   la = _____

3. On **la** fait souvent pendant le week end.   la = _____

4. On **l'**étudie tous les soirs.   l' = _____

5. On **l'**écoute dans la voiture.   l' = _____

6. On **les** regarde le 4 juillet.   les = _____

7. On **les** souffle pour fêter son anniversaire.   les = _____

Exercice 14. Vous et votre partenaire: semblables (similar) ou non?

Posez les questions suivantes à un partenaire.

> **Modèle:**
> Est-ce que tu détestes les haricots verts.
> Oui, je les déteste. ou Non, je ne les déteste pas. Et toi?

1. Est-ce que tu regardes la télé?
2. Est-ce que tu invites tes amis pour ton anniversaire?
3. Est-ce que tu finis toujours tes devoirs?
4. Est-ce que tu respectes ton professeur de franç is?
5. Est-ce que tu aimes le champagne?
6. Est-ce que tu fêtes la Saint-Valentin?

Exercice 15. Grammaire interactive. Tu es sociable?

Look at the following sentences

Ma grand-mère,	je **lui** rends visite de temps en temps.
Mes amis,	je ne **leur** téléphone pas, je **leur** envoie des textos.
Mes camarades de classe,	ils **me** parlent.
Le professeur,	il ne **nous** donne pas de cadeaux.

1. How would you translate the sentences above?
2. What part of speech are the words in bold?

Circle all that apply

3. The indirect object pronoun **lui** means _____
   and is used for   masculine/feminine   and   singular/plural

4. The indirect object pronoun **leur** means_____
   and is used for   masculine/feminine   and   singular/plural

5. The indirect object pronoun **me** means_____
   and is used for   masculine/feminine   and   singular/plural

6. The indirect object pronoun **nous** means_____
   and is used for   masculine/feminine   and   singular/plural

7. What do you notice about the position of the indirect object pronouns in the sentences below?

Ma grand-mère, je **lui** rends visite de temps en temps.

Le professeur, il ne **nous** donnent pas de cadeaux.

The indirect object pronoun is placed _____ the verb.

In the negative, the indirect object pronoun is placed _____ the verb.

Exercice 16. Conséquences?

Tex et Tammy font la fête et ils invitent tous leurs amis. Quelles sont les conséquences des faits suivants?

_____1.   Les invités arrivent.
_____2.   Il fait du soleil.
_____3.   Bette est végétarienne.
_____4.   Edouard parle trop.
_____5.   ð e-Bob a bu trop de bière.

a. Les autres souffrent d'ennui (boredom).
b. On ne lui offre pas de viande.
c. Tammy leur ouvre la porte.
d. Il découvre que les toilettes sont occupées.
e. Rita couvre la tête de ses enfants.

Exercice 17. Généreux ou pas, créatif ou pas?

A. Complétez les phrases suivantes.

Pour la fête des mères j'offre _____ à ma mère.

Pour la fête des mères j'offre _____ à ma grand-mère.

Pour la fête des pères j'offre _____ à mon père.

Pour la fête des pères j'offre _____ à mon grand-père.

A l'occasion de mon anniversaire ...

mon copain/ma copine m'offre _____

mes parents m'offrent _____

mes amis m'offrent _____

B. En classe comparez vos réponses avec celles d'un partenaire. Qui est plus généreux/généreuse, vous ou votre partenaire? Qui est plus créatif/créative?

Est-ce que le copain/la copine de votre partenaire est généreux/généreuse? Et ses parents? Expliquez vos réponses.

Modèle:

Mon partenaire est moins généreux que moi parce qu'il offre des cartes de voeux à tout le monde, mais il est plus créatif que moi parce qu'il fait les cartes lui-même!.

Dictogloss 1. Une soirée chez les Guilloteau
Formez des groupes de trois ou quatre personnes. Ecoutez le texte lu par votre professeur. Complétez les phrases suivantes et donnez le plus de détails possibles.

Les Guilloteau ont envie de _____

avec leur famille. Franck réfléchit .

Il imagine la soirée...

_____ la porte et mes oncles, mes tantes, et _____

_____ et leurs enfants _____

dans la maison. Ils _____ de petits cadeaux,

des fleurs et des chocolats. Nancy _____ un bon dîner.

Nous_____ tous les plats mais nous _____

_____!

d _____ un peu de musique et tous les enfants

_____. On _____.

Exercice 18. Tu es sociable ou non?
Cochez les réponses appropriées aux situations suivantes.

En ce qui concerne...	Oui ou Non?
...vos camarades de classe	❑ Oui, je leur parle souvent. ❑ Non, je ne leur parle pas souvent.
...votre copain/votre copine	❑ Oui, je lui offre des fleurs. ❑ Non, je ne lui offre pas de fleurs.
...vos amis de lycée (high school)	❑ Oui, je leur envoie des emails quelquefois. ❑ Non, je ne leur envoie pas beaucoup d'e-mails.
..votre grand-mère	❑ Oui, je lui demande de l'argent. ❑ Non, je ne lui demande pas d'argent.
...vos amis à Austin	❑ Oui, je leur téléphone de temps en temps. ❑ Non, je ne leur téléphone pas souvent.
...votre professeur de français	❑ Oui, je lui rends visite dans son bureau. ❑ Non, je ne lui rends pas visite dans son bureau.
...vos parents	❑ Oui, je leur obéis sans question. ❑ Non, je ne leur obéis pas tout le temps.

At home, please go to the Français interactif website. Read the following grammar points in Tex's French Grammar and complete all Texercises which you will turn in to your instructor.

7.2 direct object pronouns

me	m'
te	t'
le la	l'
nous	
vous	
les	

Exercice 19. Tu es quel genre d'ami?
A. Répondez aux questions selon les adverbes suivants:

Ton/ta meilleur(e) ami(e):	jamais	de temps en temps	souvent
1. Tu **lui** téléphones.	❑	❑	❑
2. Tu **lui** offres des cadeaux pour son anniversaire.	❑	❑	❑
3. Tu **lui** envoies de longues lettres et des cartes de vœux.	❑	❑	❑
4. Tu **lui** prêtes (lend) de l'argent (si elle/il a besoin d'argent).	❑	❑	❑
5. Tu **lui** rends son argent (quand il/elle te prête de l'argent).	❑	❑	❑
6. Tu **lui** parles tous les jours.	❑	❑	❑
7. Tu **lui** rends visite quand il/elle est malade.	❑	❑	❑
8. Tu **lui** pardonnes s'il n'est pas sympa.	❑	❑	❑

Majorité de réponses 'souvent'	Majorité de réponses 'de temps en temps'	Majorité de réponses 'jamais'
Génial! Tu es l'ami(e) idéal(e)! Ne change pas!	Pas mal, mais tu peux faire mieux... (you could do better!)	Ça craint! (that sucks!) Tu es vraiment minable comme ami!

B. En classe: Calculez vos points et ensuite comparez vos réponses avec un/ une partenaire. Quel genre d'ami est votre partenaire?

La fête du 1er novembre

La fête du 1er novembre est en l'honneur de tous les saints. On place des fleurs sur les tombeaux dans les cimetières. Le 11 novembre est la date de l'anniversaire de la fin de la première guerre mondiale. Il y a des cérémonies pour rendre hommage aux soldats.

Exercice 20. Devinettes

Trouvez les réponses possibles aux devinettes suivantes. Ecrivez toute la phrase.

Modèle: Les étudiants lui parlent dans la salle de classe.   lui = <u>Les étudiants parlent au prof.</u>

1. On **lui** offre des cadeaux d'anniversaire.   lui = _____
2. On **lui** téléphone quand on a des problèmes.   lui = _____
3. Les enfants **leur** obéissent.   leur = _____
4. On **leur** demande de l'argent.   leur = _____
5. On **leur** envoie des cartes de vœux.   leur = _____

Exercice 21. Les profs

A. Dans les phrases suivantes, décidez si le pronom « nous» est direct ou indirect.

"BONJOUR MONSIEUR LE PROFESSEUR!"

B. Etes-vous d'accord avec les phrases suivantes? Indiquez vos réponses.

Les professeurs de l'université…

	non, pas du tout	non	pas d'opinion	oui	oui, tout à fait
1. ils nous aident.	☐	☐	☐	☐	☐
2. ils nous donnent trop de devoirs.	☐	☐	☐	☐	☐
3. ils nous amusent.	☐	☐	☐	☐	☐
4. ils nous écoutent.	☐	☐	☐	☐	☐
5. ils aiment nous parler.	☐	☐	☐	☐	☐
6. ils nous offrent des chocolats en classe.	☐	☐	☐	☐	☐

C. En classe, vous allez comparer vos réponses en groupe de 2 ou 3 personnes. Est-ce que votre groupe a une attitude positive, négative ou mitigée (mixed) envers les profs de l'université? Expliquez votre opinion.

Modèle:
Nous avons une attitude positive, parce que nous pensons que les profs nous aident beaucoup...

Exercice 22. Votre camarade de classe est sociable ou non?

A. Choisissez un étudiant(e) parmi vos camarades de classe. En groupes de 3 ou 4, vous allez répondre aux questions suivantes pour décider si **Etudiant X** est sociable ou non. (**Etudiant X** va noter les réponses correctes lui-même.)

l'étudiant[e]: _____

Modèle:	X parle souvent à ses camarades de classes?
	Oui, il/elle leur parle souvent. ou Non, il/elle ne leur parle pas souvent.

Activités sociales...

	oui	non
1. Il/Elle parle souvent à ses camarades de classe.	☐	☐
2. Il/Elle offre des fleurs à son copain/à sa copine.	☐	☐
3. Il/Elle envoie quelquefois des emails à ses amis de lycée.	☐	☐
4. Il/Elle rend souvent visite à sa grand-mère.	☐	☐
5. Il/Elle téléphone à ses amis à Austin.	☐	☐
6. Il/Elle répond toujours au professeur de franç is.	☐	☐
7. Il/Elle obéit à ses parents.	☐	☐

B. Quel groupe connaît le mieux (k ows best) Etudiant X?
Chaque groupe va annoncer ses résultats à la classe. Le professeur va compter (count) les réponses "oui" et "non". Puis, Etudiant X va donner les réponses correctes. Votre groupe a combien de réponses correctes? Quel groupe a gagné? Alors, votre camarade est sociable ou non?

At home, please go to the Français interactif website. Read the following grammar points in Tex's French Grammar and complete all Texercises which you will turn in to your instructor.

7.3 indirect object pronouns

me	m'
te	t'
lui	
nous	
vous	
leur	

Exercice 23. Grammaire interactive.
Look at the following sentences

1. What difference do you notice between the objects in the two sentences below?
   Est ce que tu appelles **tes camarades de classes**? Oui, je **les** appelle. _____
   Est-ce que tu téléphones **à tes amis**?   Oui je **leur** téléphone.
2. Complete the following statement.
   An object introduced by the preposition _____ is an indirect object.
3. Can you think of verbs which take à and would thus be followed by an indirect object?
4. What do you notice about the following sentences?
   Je donne les fleurs à ma mère.
   Il offre les chocolats aux invités.

You will not be responsible for using two object pronouns in the same sentence in this course!

Exercice 24. Logique!
A. Qu'est-ce que ca remplace?
Choisissez la réponse logique. Ensuite décidez si le pronom remplace un objet direct ou indirect.

	objet direct	objet indirect
1. On les trouve dans la salle de classe. a. les musées b. les étudiants c. les épinards	❑	❑
2. On leur obeit. a. aux parents b. au prof c. aux chiens	❑	❑
3. Quand il pose des questions aux étudiants, on lui répond. a. aux parents b. au prof c. au chat	❑	❑
4. On l'écoute. a. les chansons b. le film c. la musique	❑	❑
5. On les regarde au cinéma. a. les films b. les amis c. les livres	❑	❑
6. On leur rend visite. a. à ses amis b. aux monuments c. à sa famille	❑	❑
7. On leur ressemble. a. à sa soeur b. à son frère c. à ses parents	❑	❑
8. On l'achète le premier mai. a. le gui b. le muguet c. la crèche	❑	❑

B. En classe avec un partenaire, faites une liste des verbes dans cet exercice qui sont suivis (followed by) un objet indirect :

Exercice 25. Qu'est-ce qu'ils faisaient?

Bette est triste. Ses amis ne pouvaient pas la voir hier soir. Pourquoi? Qu'est-ce que ses amis faisaient?

Les excuses...

1. Corey: Qu'est-ce qu'il faisait?
   - Il étudiait.
   - Il regardait la télé.
   - Il buvait du thé.

2. Tammy: Qu'est-ce qu'elle faisait?
   - Elle faisait du jogging.
   - Elle faisait la cuisine.
   - Elle prenait des photos

3. ♂ e-Bob: Qu'est-ce qu'il faisait?
   - Il parlait au téléphone.
   - Il finissait ses devoirs.
   - Il mangeait un hamburger.

4. Paw-Paw: Qu'est-ce qu'il faisait?
   - Il faisait les courses.
   - Il dansait.
   - Il nageait.

5. Tex: Où était-il?
   - Il était dans sa voiture.
   - Il était au parc.
   - Il était chez lui.

7.4 imparfait: formation

danser 'to dance' (-er/-re verb)

je	dansais
tu	dansais
il elle on	dansait
nous	dansions
vous	dansiez
ils elles	dansaient

finir 'to finish' (-ir verb)

je	finissais
tu	finissais
il elle on	finissait
nous	finissions
vous	finissiez
ils elles	finissaient

The imparfait stem is regular for all verbs except être: nous sommes > ét-

Exercice 26. Maintenant ou autrefois?

Ecoutez les phrases et décidez si les phrases décrivent les activités que votre professeur fait **maintenant** (au présent) ou les activités qu'il/elle faisait **autrefois** (à l'imparfait). Ensuite écrivez la phrase.

QUAND EDOUARD ÉTAIT ADOLESCENT, IL N'AVAIT QU'UN RÊVE ...

		maintenant	autrefois
Modèle: ǰ passais mes vacances chez ma grand-mère.		❑	√
1. _____		❑	❑
2. _____		❑	❑
3. _____		❑	❑
4. _____		❑	❑
5. _____		❑	❑
6. _____		❑	❑
7. _____		❑	❑
8. _____		❑	❑

Exercice 27. Edouard

Faites correspondre les phrases de la colonne A avec les phrases de la colonne B.

Au lycée Edouard...

_____1. célébrait Noël
_____2. avait besoin d'argent
_____3. aimait les congés et les longs week ends
_____4. aimait faire de l'exercice
_____5. faisait la fête tous les soirs
_____6. adorait regarder Facebook
_____7. avait beaucoup d'amis
_____8. étudiait beaucoup

donc il...

a. achetait des cadeaux
b. organisait beaucoup de soirées
c. travaillait dans un restaurant
d. faisait souvent le pont
e. se couchait très tard
f. était fatigué
g. faisait de l'aérobique
h. passait beaucoup de temps sur son ordinateur

At home, please go to the Français interactif website. Read the following grammar points in Tex's French Grammar and complete all Texercises which you will turn in to your instructor.

7.5 imparfait: states of being, habitual actions

The imperfect tense (l'imparfait) has two primary uses:
- **to describe on-going actions and states of being in the past, and**
- **to state habitual actions in the past.**

Exercice 28. Quand tu étais jeune…
Posez ces questions à vos camarades de classe.

1. Est-ce que tu invitais beaucoup d'amis à tes fêtes d'anniversaire?_____
2. Est-ce que tu fumais? _____
3. Est-ce que tu allais à l'école à pied? _____
4. Est-ce que tu écoutais du hip-hop? _____
5. Est-ce que tu rêvais d'aller à l'Université du Texas un jour? _____
6. Est-ce que tu faisais du sport?_____
7. Est-ce que tu buvais du café? _____
8. Est-ce que tu croyais au lapin de Pâques? _____

Exercice 29. Pâques
Complétez les phrases suivantes avec l'imparfait du verbe entre parenthèses.

Quand j' _____ (être) petit, nous _____ (aller) toujours chez ma grand-mère pour fêter Pâques. C'_____ (être) vraiment sympa. Le matin, on _____ (aller) à la messe. Puis, on (rentrer) pour prendre un grand repas en famille, après quoi, Mamy nous _____ (donner) des oeufs au chocolat! Les grandes personnes _____ (rester) longtemps à table et les enfants_____ (jouer) dans le jardin.

Le soir, on _____ (retourner) chez nous et mes parents nous _____ (offrir) quelques petits cadeaux. Pâques, c'_____ (être) toujours ma fête préférée quand j' _____ (être) petit.

Exercice 30. A l'âge de 15 ans.

A. Tammy rêve de son enfance. Lisez les phrases suivantes qui décrivent sa vie à 15 ans. Décidez si les phrases suivantes décrivent vos activités habituelles à l'âge de 15 ans.

Tammy:	Moi aussi	Pas moi
1. Je me réveillais tard le samedi.		
2. Je mangeais beaucoup de fast food.		
3. Je faisais du sport.		
4. Je regardais la télé tous les jours.		
5. Je finissais toujours mes devoirs.		
6. Je dormais peu.		
7. En été, je voyageais en Europe.		
8. J'étudiais beaucoup.		
9. J'avais un copain (une copine [fem.]).		
10. Je m'amusais beaucoup.		

NOTE CULTURELLE

Pâques

Pâques est une fête chrétienne, où les cloches des églises sonnent à toute volée (church bells peal). Les enfants adorent chercher les oeufs au chocolat qui sont cachés (hidden) dans le jardin. On dit que c'est les cloches de l'église qui déposent les chocolats, comme il n'y a pas de lapin de Pâques (Easter Bunny) en France!

B. Ajoutez quatre autres activités que vous faisiez à l'âge de 15 ans.

1. _____
2. _____
3. _____
4. _____

C. Comparez vos activités avec un partenaire. Est-ce que vous faisiez les mêmes choses? Pourquoi ou pourquoi pas? Quelle sorte d'adolescent était votre partenaire? (travailleur, sociable, sportif, compétitif, etc.)

D. **Devoirs pour demain:** Ecrivez un paragraphe de 8 phrases pour décrire votre personnalité et la personnalité de votre partenaire à l'âge de 15 ans. Comparez vos activités habituelles à l'âge de 15 ans.

Exercice 31. Les meilleures vacances.
A. En classe posez les questions suivantes à un partenaire.

1. Où est-ce que tu as passé vos meilleures vacances ? _____
2. Tu avais quel âge?_____
3. Avec qui est-ce que tu es parti(e) ? _____

B. Ecrivez cinq questions sur la journée typique de votre partenaire pendant (during) ses meilleures vacances.

1. _____
2. _____
3. _____
4. _____
5. _____

C. Posez vos questions à votre partenaire et écrivez ses réponses.

1. _____

2. _____

3. _____

4. _____

5. _____

D. **Devoirs.** Dans un paragraphe de 8 phrases décrivez les meilleures vacances de votre partenaire.

8 La maison

In this chapter we will talk about where we live, our house or apartment, its rooms, and its furniture.

Vocabulaire

Préparation du vocabulaire

Be sure to download the pdf vocabulary preparation template from the FI website to complete Exercises B, E, and F.

! Your instructor will collect this homework

A la maison	**At home**
une maison	house
un appartement	apartment
une résidence universitaire	university dorm
une pièce	a room (general term)
une fenêtre	window
un meuble / des meubles	a piece of furniture / furniture
le rez de-chaussée	ground floor, first floor
un escalier	staircase, stairs
un balcon	balcony
une terrasse	terrace
un jardin	garden, yard

Les pièces	**Rooms**
une entrée	entranceway
un hall d'entrée	foyer
un séjour / un living / un salon / une salle de séjour	living room
une salle à manger	dining room
une cuisine	k tchen
un couloir	hallway
une chambre	bedroom
une salle de bains	bathroom
des toilettes (f pl) / des W.C. (m pl)	toilet
une buanderie	laundry room
un grenier	attic
une cave	cellar, wine cellar
un garage	garage

Dans la chambre il y a...	**In the bedroom...**
un lit	bed
une table de nuit	nightstand
une armoire	armoire
une commode	chest of drawers
un bureau	desk
une étagère	booka se
une lampe	lamp
un placard	closet
de la moquette	carpet (wall to wall)
un lecteur DVD / MP3	DVD / MP3 player
un ordinateur	computer
un téléphone	telephone

Dans la salle de bains il y a...	In the bathroom...
une baignoire	bathtub
une douche	shower
un lavabo	sink
un miroir	mirror

Dans la salle de séjour il y a...	In the living room...
un canapé / un sofa	couch
un fauteuil	armchair
une table basse	coffee table
une télévision	television
un tableau/des tableaux	painting/paintings
un tapis	area rug or carpet

Dans la salle à manger il y a...	In the dining room...
une table	table
une chaise	chair
un buffet	hutch, buffet

Dans la cuisine il y a...	In the kitchen...
un réfrigérateur / un frigo	refrigerator / fridge
un congélateur	freezer
une cuisinière	stove
un four	oven
un four à micro-ondes	microwave
un lave-vaisselle	dishwasher
un évier	sink
un placard	cabinet
une poubelle	trash can

Dans la buanderie il y a...	In the laundry room...
un lave-linge	washing machine
un sèche-linge	dryer

Les tâches domestiques	Household chores
faire des achats (m pl)	to go shopping
faire le marché	to do the grocery shopping
faire des courses (f pl)	to do errands
faire le ménage	to do housework
faire la cuisine	to cook
faire la vaisselle	to do the dishes
ranger	to straighten up
faire le lit	to make the bed

Vocabulaire

passer l'aspirateur (m)	to pass the vacuum cleaner
faire la lessive	to do laundry
repasser	to iron
bricoler	to make home repairs or improvements

Adjectifs — Adjectives

ancien(ne)	old
moderne	modern
sombre	dark
clair(e)	bright, full of light
en désordre	messy
en ordre	straightened up
propre	clean
sale	dirty
pratique	practical
confortable	comfortable

Verbes — Verbs

déménager	to move (change residences)

Verbes réfléchis — Reflexive verbs

s'amuser	to have fun
s'ennuyer	to be bored
se dépêcher	to hurry
s'inquiéter	to worry
se fâcher	to get angry

Verbes réciproques — Reciprocal verbs

se disputer	to argue (with one another)
s'entendre	to get along (with one another)
se parler	to talk to (one another)

Phonétique

Go to the website for a complete explanation and practice exercises.

Introduction

Regardons la video ensemble pour répondre aux questions suivantes: Qui présente le chapitre? Où est-il/elle? Quels sont les thèmes du chapitre?

Exercice 1. La maison de votre prof.

Décidez si la maison de votre professeur est normale ou bizarre.

_____ 1.   Dans la chambre du professeur, il y a sept lits.
_____ 2.   Il y a un chat dans la douche.
_____ 3.   Il y a un téléphone sur le bureau.
_____ 4.   Il y a des fleurs dans le congélateur.
_____ 5.   Il y a un lave-vaisselle dans la cuisine.
_____ 6.   Il y a un lit dans la salle à manger.
_____ 7.   Il y a un canapé dans le salon.
_____ 8.   Il y a une baignoire dans la salle de bains.
_____ 9.   Il y a un four à micro-ondes dans la chambre.
_____ 10. Il y a de la moquette dans les toilettes.

Exercice 2. Les meubles et appareils ménagers indispensables.

A votre avis, quels meubles sont indispensables (**absolutely necessary**) pour le confort d'un étudiant à l'université? Mettez les en ordre d'importance de 1 (le plus important) à 14 (le moins important).

_____ un lit   _____ une télévision   _____ un fauteuil
_____ des chaises   _____ un bureau   _____ une commode
_____ une table basse   _____ un placard   _____ une table
_____ un frigo   _____ un lave-vaisselle   _____ un canapé
_____ une table de nuit   _____ une étagère

Comparez votre liste de meubles indispensables avec la liste d'un camarade. Est-ce que vous êtes d'accord? Est-ce qu'il y a des meubles indispensables que vous ne trouvez pas sur la liste?

Exercice 3. Quelle pièce?

A. Quelles pièces associez vous aux activités suivantes? Discutez les activités suivantes avec votre partenaire.

> **Modèle:** bricoler: le garage

1. manger
2. parler avec des amis
3. s'ennuyer
4. se coucher

5. regarder la télé
6. lire
7. chanter
8. faire les devoirs

B. Dans quelles pièces se trouvent les meubles suivants?

> **Modèle:** le buffet → On le trouve dans la cuisine.

1. l'évier
2. le buffet
3. le canapé
4. le four à micro-ondes
5. les fauteuils
6. la télévision
7. le lave-linge
8. la baignoire

Exercice 4. Vive la différence!

Votre professeur va vous donner une image d'une maison. Regardez votre image (A ou B), mais ne regardez pas l'image de votre partenaire. Décrivez votre maison à votre partenaire pour découvrir les sept différences entre vos maisons.

> **Modèle :** Dans la maison A il y a deux lits, mais dans la maison B il y a sept lits!

1. _____
2. _____
3. _____
4. _____
5. _____
6. _____
7. _____

Exercice 5. Votre colocataire (ou camarade de chambre)

A. Avez vous un(e) bon(ne) colocataire (ou camarade de chambre)? Posez les questions suivantes à un partenaire. Répondez avec les phrases complètes.

1. Est-ce que ton/ta co-locataire fait souvent le ménage?
    Oui, il/elle le fait souvent.　　　　　Non, il/elle ne le fait pas souvent.

2. Est ce que ton/ta colocataire a déjà fait la cuisine pour toi?
    Oui, il/elle l'a déjà faite.　　　　　Non, il/elle ne l'a jamais faite.

3. Est-ce que ton colocataire te parle souvent?
    Oui, il/elle me parle souvent.　　　　　Non, il/elle ne me parle pas souvent.

4. Est-ce que ton/ta colocataire va souvent à l'université avec toi?
    Oui, il/elle y va souvent avec moi.　　　Non, il/elle n'y va pas souvent avec moi.

5. Est-ce que ton/ta colocataire reste toujours dans sa chambre?
    Oui, il/elle y reste toujours.　　　　　Non, il/elle n'y reste pas toujours.

6. Est-ce que ton/ta colocataire achète souvent de la bière?
    Oui, il/elle en achète souvent.　　　　　Non, il/elle n'en achète jamais.

7. Est-ce que ton/ta colocataire t'offre des cadeaux?
    Oui, il/elle m'en offre.　　　　　Non, il/elle ne m'en offre pas.

8. Est-ce que ton/ta colocataire fait beaucoup de bruit (**noise**)?
    Oui, il/elle en fait beaucoup.　　　　　Non, il/elle n'en fait pas beaucoup.

B. D'après ses réponses, décidez si votre partenaire a un(e) bon(nne) colocataire (ou camarade de chambre).

> **Modèle:** Mon / ma partenaire a un(e) bon(ne) colocataire parce qu'il/elle lui offre beaucoup de cadeaux et ne reste pas toujours dans sa chambre.

C. Répondez aux questions suivantes et discutez avec la classe.

The pronoun y

What does the pronoun **y** refer to in item #4 above? _____

What does the pronoun **y** refer to in item #5 above _____

What does the pronoun **y** refer to in general?

_____

The pronoun en

What does the pronoun **en** refer to in item #6 above? _____

What does the pronoun **en** refer to in item #7 above? _____

What does the pronoun **en** refer to in item #8 above? _____

What do the phrases replaced by the pronoun **en** all have in common? _____

_____

NOTE CULTURELLE

La maison française et la vie privée

La propriété privée et la vie privée (privacy) sont un droit (a right) en France depuis la Révolution de 1789. La maison protège (protect) la vie privée.

Une clôture (enclosure) ferme la propriété : une haie (hedge), un mur (wall), du grillage (wire fencing), du bois (wood fencing), du fer forgé (wrought iron)… On entre dans la propriété par un portail (gate).

On ne voit pas dans la maison : le jour il y a des rideaux (curtains) ou des voilages (sheer curtains). La nuit, il y a des volets (shutters). Les volets protègent aussi la maison l'été, quand il fait chaud.

Dictogloss 1. Chez Madame de Leusse

Formez des groupes de 3 ou 4 personnes. Ecoutez le texte lu par (**read by**) votre professeur. Complétez les phrases suivantes et donnez le plus de détails possibles.

Pour commencer, Laila nous a présenté Madame Véronique de Leusse. Madame de Leusse a _____ à Lyon. D'abord, elle nous a montré _____ et _____, deux belles pièces très claires. Ensuite, on a vu _____. Elle était _____ et bien équipée. Puis, nous avons visité _____, _____ et _____ qui étaient dans _____ pièce à côté. Après, nous sommes montés pour visiter _____. Dans _____, on a vu un ordinateur. Nous sommes entrés dans _____de Madame de Leusse. Elle avait _____ confortable, _____ de nuit, et de _____. Pour finir, on a quitté _____ pour visiter _____de sa fille.

Exercice 6. Est-ce que tu as passé une bonne journée hier?

1. Est-ce que tu es allé(e) au cinéma? _____
2. Est-ce que tu t'es levé(e) avant midi? _____
3. Est-ce que tu t'es brossé les dents? _____
4. Est-ce que tu es sorti(e)? _____
5. Est-ce que tu t'es disputé(e) avec quelqu'un? _____
6. Est-ce que tu as fait le ménage? _____
7. Est-ce que tu t'es amusé(e)? _____
8. Est-ce que tu as rangé tes affaires? _____

Exercice 7. La journée de Karen.

A. Mettez les phrases dans un ordre logique.

_____ Karen a pris le petit déjeûner.   _____ Karen s'est brossé les dents

_____ Karen est allée en cours   _____ Karen s'est réveillée

_____ Karen s'est lavé les cheveux   _____ Karen est rentrée chez elle

_____ Karen s'est lavée.   _____ Karen et sa colocataire se sont disputées.

_____ Karen a vu la maison en désordre   _____ Karen s'est couchée.

B. Comparez avec un partenaire. Avez vous les mêmes réponses?

Exercice 8. Dominique, femme ou homme?

A. D'abord, dans chaque phrase, décidez si Dominique est une femme ou un homme, ou si il est impossible à distinguer.

		Femme	Homme	Impossible
1.	Dominique est allée au cinéma hier soir.	☐	☐	☐
2.	Dominique s'est réveillée à 7h.	☐	☐	☐
3.	Dominique ne s'est pas lavé ce matin.	☐	☐	☐
4.	Dominique s'est brossé les dents ce matin.	☐	☐	☐
5.	Dominique s'est amusée pendant les vacances.	☐	☐	☐
6.	Dominique et sa mère se sont disputés la semaine dernière.	☐	☐	☐
7.	Dominique et son meilleur ami se sont parlé hier soir.	☐	☐	☐
8.	Dominique? Ses amis l'ont appelé hier soir.	☐	☐	☐
9.	Dominique? Ses parents l'ont invitée au restaurant pour son anniversaire.	☐	☐	☐
10.	Dominique? Ses parents lui ont offert une voiture pour son anniversaire	☐	☐	☐

B. Puis, avec un partenaire, lisez quelques phrases et réagissez!

> **Modèle:** - Dominique est allée au cinéma hier soir
> - Moi non, je ne suis pas allé(e) au cinéma hier soir. Et toi?

Exercice 9. Le week-end dernier...

A. Décidez si les phrases suivantes décrivent votre week end dernier.

		Oui	Non
1.	Il a fait beau.	☐	☐
2.	J ai fait de l'exercice.	☐	☐
3.	Je suis resté(e) chez moi.	☐	☐
4.	Je me suis ennuyé(e).	☐	☐
5.	Je me suis fâché(e) avec mes parents.	☐	☐
6.	Je suis sorti(e) avec des amis.	☐	☐
7.	J ai étudié tout le week end.	☐	☐
8.	Je me suis amusé(e).	☐	☐

B. Quelles autres activités est-ce que vous avez faites? (au moins 3 activités)

1. _____

2. _____

3. _____

At home, please go to the Français inter-actif website. Read the following grammar points in Tex's French Grammar and complete all Texercises which you will turn in to your instructor.

8.1 Passé composé of pronominal verbs

reflexive pronoun
+
present of être
+
past participle

s'amuser 'to have fun'

je	me suis amusé(e)
tu	t'es amusé(e)
il *elle* *on* }	s'est amusé(e)
nous	nous sommes amusé(e)s
vous	vous êtes amusé(e)(s)
ils *elles* }	se sont amusé(e)s

To negate, place ne before the reflexive pronoun and pas after être: Elle ne s'est pas amusée.

C. En classe, comparez votre week-end avec le week-end de votre partenaire. Quelles activités avez vous faites en commun? Qui a passé le meilleur week end? Expliquez

Exercice 10. La journée d'Audrey.
Racontez la journée d'Audrey en mettant les phrases au passé composé. (Attention! Not all verbs are reflexive verbs!)

Modèle: Audrey se lève. <u>Audrey s'est levée.</u>

1. Audrey se brosse les dents. _____
2. Audrey s'habille. _____
3. Audrey va au parc. _____
4. Audrey rencontre un petit chien. _____
5. Audrey écoute des musiciens avec papa. _____
6. Audrey dort dans la voiture. _____
7. Audrey mange des cerises. _____
8. Audrey regarde les fleurs dans le jardin. _____
9. Audrey prend le goûter. _____
10. Audrey se couche. _____

Devoirs: Racontez votre journée au passé composé. Utilisez beaucoup de verbes différents avec un minimum de **5 verbes pronominaux**. **Ecrivez un paragraphe de 8 phrases.**

Exercice 11. Typique ou pas typique?

		typique	pas typique
1.	Les étudiants n'ont pas beaucoup de meubles.	❑	❑
2.	Il y a une commode dans la salle de bains.	❑	❑
3.	On dort sur le canapé dans l'après-midi.	❑	❑
4.	On fait la cuisine dans la chambre.	❑	❑
5.	On range les vêtements (**clothes**) dans le placard.	❑	❑
6.	Il y a des fauteuils confortables dans le stade.	❑	❑
7.	Les étudiants font le ménage le week end.	❑	❑
8.	Il y a une étagère dans la salle à manger.	❑	❑

Exercice 12. Les tâches domestiques

A. Chez vous, qu'est-ce que vous aimez ou détestez faire? Cochez (√) votre préférence pour chaque tâche domestique.

		J'aime…	Je déteste…
1.	faire les courses	☐	☐
2.	faire la cuisine	☐	☐
3.	faire la lessive	☐	☐
4.	faire le lit	☐	☐
5.	faire le ménage	☐	☐
6.	faire la vaisselle	☐	☐
7.	ranger la maison	☐	☐
8.	passer l'aspirateur	☐	☐
9.	repasser	☐	☐
10.	bricoler	☐	☐

B. Indiquez la fréquence de ces tâches domestiques chez vous. Ecrivez 4 phrases. Adverbes utiles: **toujours, souvent, parfois, tout le temps, rarement, ne.. amais, de temps en temps, une fois par semaine, etc.**

Modèle: Je fais souvent les courses, mais je fais rarement la cuisine.

_____

_____

_____

_____

C. Posez des questions à votre partenaire et comparez vos réponses.

Modèle: Est-ce que tu aimes faire des courses? Est-ce que tu fais souvent des courses?

D. Imaginez que vous êtes des camarades de chambre ou des colocataires. Est-ce que vous êtes des camarades de chambre ou colocataires compatibles? Pourquoi ou pourquoi pas? Rapportez votre discussion à la classe et expliquez

Rappel!

Note that with pronominal verbs, the past participle agrees with the subject except when:

• the pronominal verb is followed by an object:

Modèle: Karen s'est lavée. BUT Karen s'est lavé les cheveux.

• the verb has an indirect object.

Modèle: Karen a parlé à son amie. → Elles se sont parlé.

Exercice 13. Qu'est-ce qu'on y achète?

Faites les correspondances entre la première et la deuxième colonne.

Qu'est-ce qu'on achète...

_____1. à la boulangerie?   a. on y achète des éclairs
_____2. au tabac?   b. on y achète du pain
_____3. à la gare?   c. on y achète du saucisson
_____4. à la librairie?   d. on y achète du lait
_____5. à la charcuterie?   e. on y achète un rôti
_____6. à la pâtisserie?   f. on y achète un billet de train
_____7. à la boucherie?   g. on y achète des livres
_____8. à l'épicerie?   h. on y achète des cigarettes

Exercice 14. Devinettes.

Modèle: On y prend un café. → On prend un café.
chez ses amis / à Austin il va / sur la terasse, etc.

1. On y voit la Tour Eiffel.
2. On y étudie.
3. On y achète les livres pour les cours.
4. On y travaille sur l'ordinateur.
5. On s'y repose.
6. On y passe l'aspirateur.
7. On y va quand on est malade.
8. On y fait la vaisselle.

Sidebar

At home, please go to the Français interactif website. Read the following grammar points in Tex's French Grammar and complete all Texercises which you will turn in to your instructor.

8.2 Le pronom y

y replaces a prepositional phrase of location:
• à la maison
• chez moi
• en classe

8.3 Le pronom en

en replaces de + a noun, including nouns with partitive or indefinite determiners:
• du lait
• un rôti
• des éclairs
• beaucoup de lait
• assez de viande

Exercice 15. Qu'est-ce qu'on y fait?

Modèle: Qu'est-ce qu'on achète à la librairie? → On y achète des livres.

1. Qu'est-ce qu'on mange au restaurant franç is? _____
2. Qu'est-ce qu'on achète au supermarché? _____
3. Qu'est-ce qu'on fait au centre-ville? _____
4. Qu'est-ce qu'on fait au parc? _____
5. Qu'est-ce qu'on fait à la plage? _____
6. Qu'est-ce qu'on boit dans les bars? _____

Exercice 16. Test des connaissances géographiques.
Répondez aux questions suivantes selon vos connaissances en géographie.

Modèle: Qu'est-ce qu'on trouve à Londres? → On y trouve Big Ben.

1. Qu'est-ce qu'on visite à Paris? _____
2. Qu'est-ce qu'on fait en Suisse? _____
3. Qu'est-ce qu'on trouve à New York (la ville)? _____
4. Qu'est-ce qu'on boit à Bordeaux? _____
5. Qu'est-ce qu'on mange en Italie? _____

Exercice 17. Au supermarché
Quelles sont les phrases équivalentes?

_____1. J en ai acheté.
_____2. J en ai acheté un.
_____3. J en ai acheté une.
_____4. J en avais besoin.
_____5. J en avais besoin d'un.
_____6. Il y en avait beaucoup.
_____7. Il y en avait peu.

a. J avais besoin de piles (**batteries**)
b. J ai acheté un aspirateur.
c. J avais besoin d'un nouvel ordinateur.
d. J ai acheté du pain.
e. J ai acheté une poubelle.
f. Il y avait beaucoup de monde.
g. Il y avait peu de soldes (**sales**).

Exercice 18. Devinettes.

> **Modèle**:   <u>du lait</u>
> On en prend au petit déjeuner. ➜ On prend <u>du thé</u> au petit déjeuner.
>   <u>du café</u>

1. Il y en a un dans la salle de classe.
2. On en mange chez Ben & Jerry's.
3. Les étudiants en ont besoin.
4. Le professeur de français en a une.
5. Les étudiants en offrent au professeur à la fin du semestre!!!
6. Les étudiants en font tous les jours.
7. Votre université en a beaucoup.
8. Vous en avez un.

Exercice 19. Votre semestre.

1. Tu as combien de cours ce semestre? J'en ai _____

2. Tu as acheté combien de livres? J'en ai acheté _____

3. Il y a combien d'étudiants dans la classe de français? Il y en a _____

4. Tu as combien d'examens cette semaine? _____

Exercice 20. Qu'est-ce qu'il y a dans votre chambre?

Posez les questions suivantes à un partenaire. Votre partenaire va remplacer le nom avec le pronom **en** dans ses réponses.

> **Modèle**: Est-ce qu'il y a un canapé? ➜ Oui, il y <u>en</u> a un
>   Non, il n'y <u>en</u> a pas.

1. Est-ce qu'il y a des étagères?
2. Est-ce qu'il y a un grand lit pour deux personnes?
3. Est-ce qu'il y a une vieille armoire?
4. Est-ce qu'il y a un miroir?
5. Est-ce qu'il y a des affiches?
6. Est-ce qu'il y a un frigo?
7. Est-ce qu'il y a une télévision?
8. Est-ce qu'il y a une commode?

Exercice 21. Avant le dîner.

Imaginez que votre colocataire et vous faites les préparatifs pour une dîner chez vous. Faites correspondre le pronom souligné à la réponse logique dans la deuxième colonne.

> **Modèle**: Pour faire une quiche on en a besoin. **du fromage**

_____ 1. Malheureusement (**unfortunately**), on ne l'a pas faite hier soir.
_____ 2. Je vais <u>lui</u> demander d'apporter du vin.
_____ 3. Mon coloc et moi, nous <u>y</u> faisons les courses.
_____ 4. Chez moi, il y <u>en</u> a dans le congélateur.
_____ 5. Je <u>les</u> ai finis hier soir, avant de faire les préparatifs.
_____ 6. Mon coloc et moi allons <u>leur</u> demander leurs numéros de téléphone.

a. mes devoirs
b. à nos camarades de classe
c. de la glace
d. à Whole Foods
e. la vaisselle
f. à mon/ma meilleur(e) ami(e)

Exercice 22. On se prépare.

Laila, Karen et Blake préparent une soirée américaine pour leurs amis franç is à Lyon.

A. Lisez le dialogue. D'après vous (**according to you**), quels sont les pronoms manquants (**missing**)?

1. **Laila :** Blake, est-ce qu'on va toujours (**still**) au restaurant?
2. **Blake :** Oui, on _____ va toujours avec Braxton et Hélène.
3. **Laila :** Tu _____ as téléphoné pour confirmer ?
4. **Blake :** Oui, je _____ ai appelés. Et toi, tu as acheté des fleurs pour Hélène?
5. **Laila :** Oui, j'____ ai acheté.
6. **Blake :** Super ! On _____ va ?

B. En classe écoutez votre professeur pour vérifier.

C. Répondez aux questions suivantes.

1. In Line 3, Laila uses the pronoun **leur**. Which people does this pronoun refer to? Why does Laila use **leur** with the verb **téléphoner**? _____
2. Why does Blake use the pronoun **les** in Line 4 to refer to the same people? _____
3. In Line 2, why is the pronoun **y** used? _____
4. In Line 4, why is the past participle of the verb **appeler** written with an *s*? _____
5. In Line 5, what does the pronoun **en** refer to? _____
6. Give the equivalent of the expression **on y va** in English. Be careful! Don't translate the expression word for word! _____

NOTE CULTURELLE

La Conversion

En France, après la Révolution de 1789, on utilise le système métrique (base 10 metrical system)

1 centimètre (cm)
1 mètre (1m = 100 cm)
1 kilomètre (1km = 1000 m)
etc...

Aux Etats-Unis, au Liberia et en Birmanie il n'y a pas le système métrique.
Aux USA, on a différentes unités. Par exemple, pour la superficie (area) d'une maison, ce sont les pieds (feet) :

1 Ft2 = 0.093 m2

une maison de 1500 pieds carrés (square feet) est une maison de 140 mètres carrés.

Un pouce (inch) = 2.54 cm
Un pied (foot) = 0.305 m
Un yard = 0.914 m
Un mile = 1.609 km

La distance de Austin à Houston est de 165 miles ou 265 km s

Exercice 23. Chez toi.

Répondez aux questions en utilisant un pronom d'objet (**direct, indirect, y** ou **en)** pour remplacer la partie soulignée.

> **Modèle**: Est-ce que tu regardes la télévision ? <u>Oui, je la regarde souvent</u>.

1. Est-ce que tu étudies <u>dans ta chambre</u>?
2. Est-ce que tes amis <u>te</u> rendent souvent visite?
3. Dans ta chambre, est-ce qu'il y a <u>un ordinateur</u>?
4. Est-ce que tu as <u>des étagères</u>?
5. Est-ce que tu as fait <u>la lessive</u> cette semaine?
6. Est-ce que tu vas téléphoner <u>à tes parents</u> ce week end?
7. Est-ce que tu es resté(e) <u>à Austin</u> le week end passé?
8. Est-ce que tu as fini <u>tes devoirs</u> hier soir?

Exercice 24. Qui vous donne les ordres suivants?

		Mon professeur	Mes parents
1.	Range ta chambre!	❑	√
2.	Ouvre ton livre!	❑	❑
3.	Lave ta voiture!	❑	❑
4.	Fais tes exercices de grammaire!	❑	❑
5.	Sois attentif!	❑	❑
6.	Ne te dispute pas avec ta sœur!	❑	❑
7.	Lave-toi les mains!	❑	❑
8.	Révise pour l'examen!	❑	❑
9.	Aie de la patience avec ton petit frère!	❑	❑
10.	Réveille-toi tôt le matin!	❑	❑

Exercice 25. Votre prof, alors!

Votre professeur de franç is a souffert d'une crise d'amnésie et ne sait plus comment faire. Donnez lui des conseils en employant une expression de la colonne B pour chaque situation de la colonne A.

Colonne A

_____1. Votre prof prend son dîner dans la baignoire.
_____2. Votre prof n'a pas de lit dans sa chambre.
_____3. Votre prof dort dans le jardin.
_____4. Votre prof a des affaires partout.
_____5. Votre prof porte des vêtements sales.
_____6. La moquette du salon de votre prof est très sale.
_____7. Votre prof a besoin de se laver.
_____8. Votre prof ne se couche pas avant 3 heures du matin.

Colonne B

a. Lavez-vous.
b. Dormez dans la maison.
c. Achetez un lit pour votre chambre.
d. Couchez-vous plus tôt.
e. Mangez dans la salle à manger.
f. Rangez vos affaires.
g. Passez l'aspirateur.
h. Faites la lessive.

Exercice 26. Vous êtes la baby-sitter de Camille et d'Audrey.
Lisez les situations suivantes et donnez des ordres à Camille et Audrey.

> **Modèle:** Les filles, votre chambre est en désordre! Rangez votre chambre!

1. Les filles, vous n'avez pas encore fait vos devoirs! _____ vos devoirs!
2. Les filles, si vous avez faim, _____ un goûter.
3. Les filles, si vous avez soif, _____ de l'eau.
4. Les filles, si vous avez sommeil, _____ au lit!

Exercice 27. Votre colocataire!
Votre colocataire vous demande des conseils tout le temps. Donnez lui des conseils en employant l'impératif.

> **Modèle:** Il/elle vous dit: J'ai faim.
> Vous répondez: Fais la cuisine!

1. Je suis fatigué(e).
2. Je ne trouve pas de copain/copine.
3. Je suis toujours en retard pour mon cours de 10h.
4. J'ai faim mais je n'ai pas assez d'argent pour aller au restaurant.
5. J'ai envie d'aller au cinéma mais ma copine/ mon copain a envie de rester à la maison.
6. Je vais à une fête ce soir mais je n'ai pas de voiture.
7. J'ai besoin de livres pour mes cours.
8. Il fait trop chaud dans ma chambre.

At home, please go to the Français interactif website. Read the following grammar points in Tex's French Grammar and complete all Texercises which you will turn in to your instructor.

8.4 Imperative mood

-er verbs	Regarde Regardons Regardez
-ir verbs	Finis Finissons Finissez
-re verbs	Attends Attendons Attendez

Être	Avoir
Sois	Aie
Soyons	Ayons
Soyez	Ayez

Pronominal verbs
Amuse

Amuse-toi
Amusons-nous!
Amusez-vous!
Ne t'amuse pas!
Ne nous amusons pas!
Ne vous amusez pas!

Exercice 28. Discrimination auditive.
Ecoutez et décidez si le verbe est au singulier ou au pluriel.

8.5 venir 'to come' and verbs conjugated like 'venir': devenir, revenir, tenir

		singulier	pluriel
Modèle: Elle vient en classe tous les jours.		√	❏
1. ___		❏	❏
2. ___		❏	❏
3. ___		❏	❏
4. ___		❏	❏
5. ___		❏	❏
6. ___		❏	❏

je	viens
tu	viens
il elle on	vient
nous	venons
vous	venez
ils elles	viennent

Exercice 29. Vrai ou faux?

	Vrai	Faux
1. Le professeur ne vient pas toujours en classe.	❏	❏
2. Mes parents viennent souvent à Austin.	❏	❏
3. Les étudiants viennent rarement en classe.	❏	❏
4. Les étudiants viennent toujours à l'heure en classe.	❏	❏
5. Le franç is devient de plus en plus facile.	❏	❏
6. Mon coloc revient de France.	❏	❏
7. Les hommes tiennent toujours la porte pour les femmes.	❏	❏
8. ❏ retiens le vocabulaire facilement.	❏	❏

Exercice 30. D'où est-ce qu'on vient?
A. Complétez les phrases avec la bonne réponse.

1. Céline Dion vient du ___.
2. ❏ hnny Depp vient des ___.
3. Pierre et Marie Curie viennent de ___.
4. Le professeur vient de (ville) ___.

B. Et vous? Discutez les questions suivantes avec un partenaire.

1. D'où est-ce que tu viens?
2. D'où vient ton/ta meilleur(e) ami(e)?
3. D'où est-ce que tes ancêtres viennent?

Exercice 31. Trouver un appartement.
A. D'abord, reliez les équivalents dans le tableau suivant.

_____ 1. Est-ce que l'appartement est toujours à louer?
_____ 2. Quand est-il disponible?
_____ 3. A quel étage est-ce qu'il se trouve?
_____ 4. Quelle est la station de métro la plus proche?
_____ 5. Quel est le montant du loyer, charges comprises?
_____ 6. Est-ce que le chauffage est électrique ou au gaz?
_____ 7. Est-ce qu'internet est inclus dans les charges?
_____ 8. Quel est le montant de la caution?

a. What floor is it on?
b. Is the apartment still for rent?
c. How much is the deposit?
d. How much is the rent, including utilities?
e. Is it an electric or gas-powered heater?
f. What is the closest metro station?
g. When is it available?
h. Is internet service included in the utilities?

B. Ensuite, écrivez des questions plus spécifiques sur la description de l'appartement.

Déscription de l'appartement (Employez des adjectifs.):

Modèle: Est-ce qu'il est grand?

1. _____
2. _____
3. _____

La cuisine:

Modèle: Est-ce qu'il y a un frigo?

1. _____
2. _____
3. _____

Les meubles:

Modèle: Est-ce qu'il y a une table dans le salon?

1. _____
2. _____
3. _____

C. Votre professeur va vous donner soit (**either**) un Tableau A ou soit (**or**) un Tableau B. Posez les questions que vous avez écrites là-dessus (**above**) à votre partenaire pour compléter le tableau suivant.

Disponibilité	
Etage	
Métro	
Déscription	
Loyer + Charges	
Caution	
Cuisine	
Chambre	
Salon	
Divers (miscellaneous)	

D. Maintenant comparez les deux appartements. Quels sont les avantages et les inconvénients de chaque appartement?

Vocabulaire

- la télévision, le cinéma
- la presse
- la radio
- l'internet
- le téléphone
- au téléphone
- adjectifs
- verbes

Phonétique

- La tension musculaire des voyelles françaises /i/ et /o/

Grammaire

- 9.1 relative pronouns: qui and que
- 9.2 alternate forms (1) ne ... jamais, rien, personne, etc.
- 9.3 one-word negative sentences si, jamais, etc.
- 9.4 dire, lire, écrire present tense
- 9.5 modal verbs vouloir, pouvoir, devoir
- 9.6 narration: passé composé vs. imparfait
- testez-vous!, chapitre 09
- verb conjugation reference
- verb practice

Vidéos
Vocabulaire en contexte

- Gérard - kiosquier
- Mme De Leusse et sa fille

Interviews

- les médias

9 Médias et communications

In this chapter we will talk about media: television and newspapers, movies, and the internet.

Vocabulaire

Préparation du vocabulaire

Be sure to download the pdf vocabulary preparation template from the FI website to complete Exercises B, E, and F.

! Your instructor will collect this homework

La télévision / Le cinéma	Television / Cinema
la télé	TV
la télécommande	remote control
une chaîne	channel
un programme	television schedule
un feuilleton	series / soap opera
une série	series
une émission	show
un dessin animé	cartoon
un documentaire	documentary
une émission de variétés	variety show
un jeu télévisé	game show
la télé-réalité	reality television
un magaz ne d'actualités (à la télévision)	news show
les informations / les infos (f pl) / le journal	news
l'actualité (f)	current events
la météo	weather report
un reporter / un journaliste	reporter / journalist
une interview	interview
une publicité / une pub	commercial
un concert	concert
un film	movie
un film d'amour	romantic movie
un film de science-fiction	science-fiction movie
un film d'horreur / d'épouvante	horror movie
un film d'action / un film d'aventures	action film / adventure film
un film policier	detective / police movie
un drame	a tragedy (movie that ends badly)
une comédie	comedy (movie, play)
un (film) musical	musical
un comédie musicale	musical
un western	western
en VO / en VF	original version / French version
avec / sans sous-titres	with / without subtitles
un acteur / une actrice	actor / actress
une célébrité	celebrity
une star / une vedette	star (refers to men or women)
une personnalité (de la télévision, du cinéma, de la radio)..	celebrity
le méchant	the bad guy

La presse — **The press**

un kiosque (à journaux) — news stand
un journal / des journaux (national, régional) — newspaper (national, regional)
   une bande-dessinée — comic strip
   une petite annonce — classified ad
un magazine — magazine
un livre — book
un roman — novel

La radio — **The radio**

une station — radio station
une chanson — song
un chanteur / une chanteuse — singer
un groupe — a band

L'internet — **The internet**

un ordinateur — computer
un portable — laptop
le web — the web
un site — website
   une page d'accueil — homepage
   un forum — bulletin board, newsgroup
   un moteur de recherche — search engine
un mot de passe — password
un email / courriel — e-mail
en ligne — online
un lien — link

Le téléphone — **The telephone**

un (téléphone) portable — cell phone
un répondeur / une boîte vocale — voicemail
un texto — text message

Au téléphone — **On the phone**

Allô... — Hello...
Tu es où? — Where are you at / what are you doing?
Est-ce que je peux parler à... — May I speak to...
Je voudrais un renseignement. — I would like some information.
Un instant s'il vous plaît. — Please hold. / One moment please.
Ne quittez pas. — Stay on the line.
Je vous le / la passe. — I'm putting you through to him/her. / I'm connecting you to him/her.
Quel est ton / votre numéro de téléphone? — What is your phone number?

Vocabulaire

Est-ce que vous voulez laisser un message?
Pouvez vous rappeler à 15h?
Qui est à l'appareil?

Do you want to leave a message?
Could you call back at 3 p.m.?
Who's on the phone?

Adjectives	**Adjectifs**
célèbre	famous
amusant(e) / comique / marrant(e) / drôle	funny
doublé(e)	dubbed
effrayant(e)	frightening
ennuyeux / ennuyeuse	boring
étranger / étrangère	foreign
gratuit(e)	free
optimiste	optimistic/hopeful
pessimiste	pessimistic
réaliste	realistic
satirique	satirical
tragique	tragic
triste	sad
violent(e)	violent

Verbes	**Verbs**
surfer / aller (sur internet)	to surf (the web)
cliquer	to click
télécharger	to upload / to download
conduire	to drive
décrire	to describe
dire	to say
écrire	to write
durer	to last
lire	to read
montrer	to show
passer (du temps)	to spend (time)

Phonétique

Go to the website for a complete explanation and practice exercises.

Introduction

Regardons la video ensemble pour répondre aux questions suivantes: Qui présente le chapitre? Où est-il/elle? Quels sont les thèmes du chapitre?

NOTE CULTURELLE

Les journaux

En France les journaux ont une orientation politique. A gauche, il y a l'Humanité et Libération. Au centre il y a le Monde et à droite il y a le Figaro. Pour le sport il y a l'Equipe. Il y a aussi beaucoup de journaux régionaux, comme Le Progrès à Lyon.

Tous les journaux sont sur internet.

Exercice 1. Les films.

A. Avec un partenaire, donnez 2 films pour chaque genre suivant:

1. des films d'horreur: _____

2. des films de science-fiction: _____

3. des films d'aventure: _____

4. des dessins animés: _____

5. des comédies: _____

6. des drames: _____

B. Quel genre de film?

_____1.	West Side Story	a. un drame
_____2.	L'arme fatale	b. un film de science-fiction
_____3.	Vendredi 13	c. un film d'amour
_____4.	Indiana ᵭ nes	d. un dessin animé
_____5.	2001, L'odysée de l'espace	e. un film policier/d'action
_____6.	La vie est belle	f. une comédie musicale
_____7.	Aladin	g. un film d'aventures
_____8.	Casablanca	h. un film d'horreur

C. Devinez les titres anglais de ces films:

1. Le Roi Lion_____

2. Quatre mariages et un enterrement _____

3. Le silence des agneaux _____

4. Sept ans au Tibet _____

5. Le magicien d'Oz _____

6. La guerre des étoiles _____

7. Trois hommes et un couffin _____

8. Minuit dans le jardin du bien et du mal _____

9. Retour vers le futur _____

10. Chantons sous la pluie_____

D. Discutez les questions suivantes avec un partenaire:

Quel est le dernier film que tu as vu?
Est-ce que tu l'as aimé? Pourquoi ou pourquoi pas?
Est-ce que tu as vu des films français? Si oui, quels films?

Exercice 2. La communication.
Posez ces questions à vos camarades.

1. Est-ce que tu achètes des billets d'avion en ligne? _____
2. Est-ce que tu vas souvent sur internet?_____
3. Est-ce que tu reçois beaucoup de spam? _____
4. Est-ce que tu as un téléphone portable? _____
5. Est-ce que tu écoutes la radio en ligne? _____
6. Est-ce que tu regardes les informations en ligne?_____
7. Est-ce que tu télécharges des chansons illégalement?_____
8. Est-ce que tu envoies des textos pendant la classe? _____

Utilisez uniquement le français! Si la réponse est "OUI", demandez la signature de cette personne. Changez de camarade pour chaque question. Ecoutez attentivement les questions qu'on vous pose. Ne répondez pas à des questions incomplètes.

Exercice 3. Devinettes.
A. A quoi correspondent les descriptions suivantes?

Modèle:
C'est quelque chose qui a la forme d'un rectangle et que vous utilisez pour changer de chaînes → C'est une télécommande.

1. C'est quelque chose qui a la forme d'un rectangle et que vous aimez lire pour vous détendre.
2. C'est quelque chose qui est généralement petit et que vous utilisez pour envoyer des textos.
3. C'est quelqu'un qui chante et que vous écoutez à la radio.
4. C'est quelqu'un qui est très célèbre et que vous voyez souvent à la télé et dans les magazines.

B. Répondez aux questions suivantes.

1. Translate the following sentence into English:

    C'est quelque chose qui est généralement petit et que vous utilisez pour envoyer des textos

    _____

2. How did you translate **qui** and **que** in English?_____

3. Look at the following phrases and fill in the blanks with **subject** or **object**:

    ... qui a la forme d'un rectangle   ... que vous vous aimez lire pour vous détendre.

    ... qui est très célèbre   ... que vous voyez souvent à la télé
    qui is the _____ of the verb.   que is the _____ of the verb.

Exercice 4. La télé

A. Donner un exemple pour chaque catégorie:

> **Modèle:**
> Une chaîne: ABC

1. une chaîne d'informations: _____
2. une émission d'actualité: _____
3. un jeu télévisé: _____
4. une série: _____
5. un feuilleton: _____
6. une émission de télé-réalité: _____
7. un dessin-animé: _____
8. une émission satirique: _____

B. Sondage

En groupes de trois, comparez ce que vous regardez à la télé. Posez des questions complètes à vos partenaires. Complétez le tableau avec: **souvent – quelquefois – jamais**

> **Modèle:** Est-ce que tu regardes des séries?
> Partenaire 1:
>   Oui, je regarde souvent des séries → Ecrivez **souvent** dans la case (**box**) <u>séries</u> / Partenaire 1.
> Partenaire 2:
>   Non je ne regarde jamais de séries → Ecrivez **jamais** dans la case <u>séries</u> / Partenaire 2.

	Partenaire 1	Partenaire 2	Partenaire 3
Les séries			
Les jeux télévisés			
Les feuilletons			
Les émissions de télé-réalité			
Le journal			
Les dessins-animés			
Les émissions comiques			
Les documentaires			

Quel type d'émission est-ce que votre groupe regarde le plus souvent? Le moins souvent?

Exercice 5. Le langage SMS.
Avec un partenaire, écrivez les textos suivants en français correct.

1. Kesk tu fÉ? _____
2. Tu vi1 2m1 pr l'anniv' de Pierre? _____
3. d V bi1, et twa? _____
4. G vu Amélie, CT super, GT mdr :))! _____

9.1 Pronoms relatifs
— qui et que

QUI + verbe	QUE + sujet + verbe

Exercice 6. Quiz culturel.

A. Avec un partenaire complétez les phrases suivantes.

1. Donnez le nom d'une émission télé qui parle de l'actualité:_____

2. Donnez le nom d'un film qui est effrayant et drôle: _____

3. Donnez le nom d'un acteur/actrice célèbre qui joue souvent le rôle du méchant: _____

4. Donnez le nom d'une série qui se passe en Californie et qui est ennuyeuse:_____

5. Donnez le nom d'un film que vous regardez souvent à Noël: _____

6. Donnez le nom d'une émission de télé-réalité que les étudiants aiment:_____

7. Donnez le nom d'un livre que les enfants adorent lire: _____

8. Donnez le nom d'un chanteur/chanteuse que les adolescents adorent et que les paparazzi prennent souvent en photo: _____

B.   A votre tour! Complétez la phrase et demandez la réponse à un autre étudiant:

9. Donnez le nom d'un film qui_____

10. Donnez le nom d'un film que _____

11. Donnez le nom d'une émission qui _____

12. Donnez le nom d'une émission que_____

Exercice 7. Qu'est-ce que Laila regarde à la télé?

Remplissez les blancs avec **qui** ou **que**.

1. Laila préfère les émissions _____ sont intéressantes et sérieuses.

2. Quelquefois, elle regarde aussi des séries _____ elle télécharge sur internet.

3. La colocataire de Laila est une étudiante _____ n'étudie jamais et _____ passe des heures à surfer sur internet.

4. Laila adore les films étrangers _____ elle regarde souvent avec ses amis.

5. Mais elle déteste les chaînes _____ montrent toujours du sport.

6. Laila a déjà vu des émissions de télé-réalité _____ elle n'a pas aimées et des jeux télévisés _____ étaient ennuyeux.

Exercice 8. Vos préférences.

Complétez toutes les phrases ci-dessous avec <u>qui</u> ou <u>que</u>.
Puis, entourez les phrases qui s'appliquent à vous.

1. Je préfère les films étrangers…

_____ sont drôles et intéressants.

_____ se passent en Europe.

_____ je peux regarder en V.O.

2. J'aime les acteurs…

_____ jouent dans des films d'action.

_____ les Français admirent.

_____ ont gagné un Oscar .

3. J'ai déjà vu des épisodes de 20/20…

_____ étaient passionnants.

_____ j'ai détestés.

_____ j'ai aimés.

4. Pour moi, une star est quelqu'un…

_____ travaille tout le temps.

_____ est très intelligent et amusant.

_____ les gens admirent.

5. Une cabine téléphonique, c'est quelque chose…

_____ je n'utilise jamais.

_____ je trouve utile.

_____ est difficile à trouver.

Exercice 9. Vos goûts culturels.

A. Préparez une liste de questions à poser à votre partenaire:

Modèle:
Quel est le genre de livre qui t'intéresse le plus?
Quel est le livre que tu as lu (**read**) le plus récemment?

1. Quel est le genre de films qui _____ ?

2. Quel est le film que _____ ?

3. Est-ce que tu aimes les films qui _____ ?

4. Quel est le livre que _____ ?

5. Est-ce que tu aimes les livres qui _____ ?

6. Quelle est l'émission télé que _____ ?

7. Est-ce que tu aimes les acteurs qui _____ ?

8. Quel est l'acteur/l'actrice que _____ ?

**Rappel!
Agreement**

Although qui and que are invariable, they assume the gender and number of the antecedent. Que functions as a direct object preceding the verb. Therefore, when the verb of the subordinate clause is in the passé composé, or any other compound tense, the past participle agrees in number and gender with que. The past participle also agrees in number and gender with qui if the verb forms its passé composé with 'être'

B. En classe, posez les questions à votre partenaire. Avez vous les mêmes goûts culturels? Rapportez vos conclusions à la classe. Donnez des exemples et utilisez des pronoms quand nécessaire.

> **Modèle:**
> Nous n'avons pas les mêmes goûts culturels parce que mon/ma partenaire aime les films qui finissent bien et je préfère les films qui sont plutôt tristes.

C. Devoirs: Dans un paragraphe de 8 bonnes phrases comparez vos goûts culturels avec les goûts de votre partenaire.

Exercice 10. Vrai ou faux?

	Vrai	Faux
1. On n'a rien fait de marrant dans le cours de français hier.	☐	☐
2. Le professeur ne regarde plus de dessins animés.	☐	☐
3. Il n'y a personne dans notre salle de classe le vendredi soir.	☐	☐
4. Les étudiants n'ont pas encore pris le déjeuner.	☐	☐
5. Pendant les vacances, les étudiants n'ont plus besoin d'étudier.	☐	☐
6. Le professeur ne répond jamais à ses emails.	☐	☐
7. Le professeur de français ne parle à personne!	☐	☐
8. Les étudiants ne conduisent pas du tout le week-end.	☐	☐

Exercice 11. Le contraire!

A. Quelle phrase de la deuxième colonne veut dire le contraire pour chaque phrase dans la première colonne?

Quand j'avais 17 ans, ...

_____1. je regardais déjà des films d'horreur.
_____2. je regardais encore des films d'horreur.
_____3. je regardais toujours (encore) des films d'horreur.
_____4. je regardais toujours (tout le temps) des films d'horreur.

a. je ne regardais jamais de films d'horreur
b. je ne regardais plus de films d'horreur
c. je ne regardais pas encore de films d'horreur.
d. je ne regardais plus de films d'horreur.

B. Quelle(s) phrase(s) du tableau est (sont) vraie(s) pour vous?

At home, please go to the Français interactif website. Read the following grammar points in Tex's French Grammar and complete all Texercises which you will turn in to your instructor.

9.2 négation: alternate forms (1) (ne…jamais, ne… rien, personne, . etc.)

ne … jamais	never, not ever
ne … pas encore	not yet
ne … rien	nothing, not anything
ne … personne	nobody, no one, not anybody
ne … plus	no more, not any longer
ne … pas du tout	not at all
Personne ne …	Nobody, No one Personne n'aime cette émission.
Rien ne …	Nothing Rien n'est simple.

Note:
encore= still
toujours = always/ still

Exercice 12. Menteur-menteur.
Quelle est la vérité? Ecrivez le contraire pour la trouver.

1. d e-Bob est déjà venu à Austin. _____

2. Il aime beaucoup l'Université du Texas. _____

3. Il y va souvent!_____

4. Il étudie toujours! _____

5. Il est allé à Trudy's et il a dit bonjour à tout le monde._____

6. C'était bon et il a tout mangé. _____

Exercice 13. Vos expériences audiovisuelles.
Posez les questions suivantes à un partenaire et notez ses réponses. Répondez avec une phrase complète.

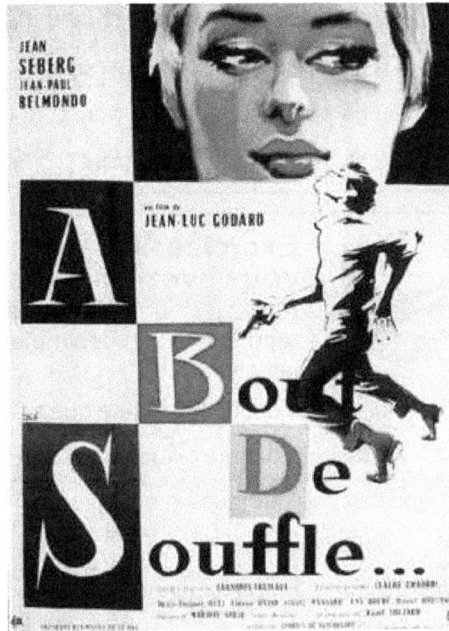

Poster from the movie "A Bout de Souffle"
Director: Jean-Luc Godard

1. Est-ce que tu as déjà vu un film de Godard?

_____

2. Est-ce que tu regardes toujours Sesame Street?

_____

3. Est-ce que tu regardes souvent la télévision française sur internet?

_____

4. Est-ce que tu aimes regarder des films étrangers en VO sans sous-titres?

_____

5. Est-ce que tu as déjà regardé toutes les vidéos du chapitre 13?

_____

9.3 one-word negative sentences si, jamais, etc.

Oui	--'yes' answer to an affirmative question
Si	--'yes' to a negative question
Non	--negative answer to a yes / no question
Pas	--by itself negates part of a sentence
Rien	(nothing), personne (no one), and jamais (never)
Personne	(no one)
Jamais	(never)
Pas du tout	(not at all)

! Utilisez uniquement le français! Si la réponse est "SI", demandez la signature de cette personne. Changez de camarade pour chaque question. Ecoutez attentivement les questions qu'on vous pose. Ne répondez pas à des questions incomplètes.

Exercice 14. Corey, le cafard dépressif!
Traduisez les phrases suivantes.

1. I don't love anybody!
2. I don't do anything!
3. I haven't seen a movie that I like yet!
4. I've never watched funny movies!
5. I don't watch TV anymore.
6. I don't listen to the radio at all!

Exercice 15. Si!
Posez les questions suivantes à vos camarades.

1. Tu n'as jamais écouté la radio sur internet? _____

2. Tu n'as rien regardé à la télé ce matin?_____

3. Tu n'as pas bien dormi hier soir?_____

4. Tu ne parles à personne quand tu te réveilles?_____

5. Tu n'aimes pas lire le journal? _____

Exercice 16. Tu cherches un colocataire: est-ce que vous avez les mêmes habitudes?
Posez les questions suivantes à un partenaire et il/elle répond avec un des mots suivants: si, rien, personne, ou jamais.

1. Moi, je me couche tôt. Est-ce que tu regardes souvent les informations à 3 heures du matin?

2. Je suis plutôt un(e) étudiant(e) sérieux/se et je lis beaucoup le week end. Et toi, avec qui est-ce que tu étudies le samedi soir?

3. Tu n'as pas d'ordinateur?

4. J'aime dormir. Qu'est-ce que tu écoutes comme musique à 4 heures du matin?

5. Tu ne regardes jamais tes emails?!?

6. Avec qui est-ce que tu partages ton mot de passe?

Exercice 17. Vrai ou faux?

	Vrai	Faux
1. Je lis beaucoup de magazines.	❑	❑
2. J'ai écrit des emails ce matin.	❑	❑
3. Les étudiants de français ont dit 'bonjour' au professeur aujourd'hui.	❑	❑
4. J'écris les mots de vocabulaire pour pratiquer.	❑	❑
5. Les étudiants de UT lisent The Daily Texan.	❑	❑
6. Le professeur conduit une Smart.	❑	❑
7. Les étudiants décrivent souvent leurs activités en classe.	❑	❑
8. Hier, j'ai lu le Daily Texan.	❑	❑

Exercice 18. Discrimination auditive avec lire, dire, écrire (et conduire).

A. Ecoutez et décidez si le verbe est au singulier ou au pluriel. Ensuite écrivez la phrase.

	singulier	pluriel
Modèle: Elle lit le journal tous les jours.	√	☐
1. _____	☐	☐
2. _____	☐	☐
3. _____	☐	☐
4. _____	☐	☐
5. _____	☐	☐
6. _____	☐	☐

Exercice 19. Qu'est-ce qu'on dit?

Avec un partenaire, trouvez la bonne expression en français pour les exemples suivants.

Qu'est-ce qu'on dit en français...

1. avant de se coucher?_____
2. quand quelqu'un part en voyage? _____
3. quand quelqu'un a un anniversaire? _____
4. avant le week end? _____
5. avant un examen? _____
6. le matin? _____
7. le soir? _____
8. avant de manger? _____

Exercice 20. Etes-vous romantique?

A. Posez les questions suivantes à votre partenaire. Utilisez des pronoms dans vos réponses:

1. Est-ce que tu dis "je t'aime" tous les jours à ton copain/ta copine?
2. Quand tu lis une histoire d'amour triste, est-ce que tu pleures (**cry**)?
3. Est-ce que tu écris souvent des messages d'amour pour ton copain/ta copine?
4. Quand tu étais enfant, est-ce que tu disais souvent "je t'aime" pour la Saint-Valentin?
5. Quand tu étais adolescent, est-ce que tu lisais souvent des romans d'amour?
6. Quand tu étais adolescent, est-ce que tu écrivais des poèmes d'amour?
7. Est-ce que tu as déjà dit "tu as de beaux yeux" à ton copain / ta copine?
8. Est-ce que tu as déjà lu Roméo et Juliette plusieurs fois (**several times**)?
9. Est-ce que tu as déjà écrit une lettre d'amour?

At home, please go to the Français interactif website. Read the following grammar points in Tex's French Grammar and complete all Texercises which you will turn in to your instructor.

9.4 lire, dire, écrire (conduire, décrire)

Lire 'to read'
Dire 'to say'
Ecrire 'to write'

j'(e)	lis / dis / écris
tu	lis / dis / écris
il elle on }	lit / dit / écrit
nous	lisons / disons / écrivons
vous	lisez / dites / écrivez
ils elles }	lisent / disent / écrivent
Past participle:	lu / dit / écrit

B. Pour chaque "oui" comptez un point et décidez si votre partenaire est romantique. Rapportez votre décision à la classe.

> **Modèle:** Mon/ma partenaire est romantique parce qu'il/elle dit "je t'aime" à sa copine/à son copain tous les jours et parce que quand il/elle était jeune, il/elle écrivait des poèmes d'amour…

C. Qui est le/la plus romantique? Vous ou votre partenaire? Expliquez

Exercice 21. Marion Cotillard aux Oscars

A. Ecoutez le texte lu par votre professeur et mettez les phrases dans l'ordre chronologique:

_____ Elle est allée à son hôtel.
_____ Elle est arrivée à l'aéroport.
_____ Elle s'est couchée très tôt.
_____ Elle a pris son petit déjeuner.
_____ Elle s'est levée à 8 heures.
_____ Elle a eu des interviews jusqu'à 13 heures.
_____ Elle a attendu
_____ Il a ouvert l'enveloppe.
_____ Il a lu le nom des nominées.
_____ Il a dit son nom.

B. Votre professeur va vous montrer deux textes. Regardez les et répondez aux questions suivantes.

1. Look at Text A and B. What is the difference between these two texts? Which text makes it more difficult to put the information in chronological order?
2. Does Text A give foreground or background information?
3. Does Text B give foreground or background information?
4. Look at the tense of the verbs in Text A and Text B and fill in the blanks with the appropriate tense:

In narration,

For background information, we use _____

For foreground information, we use_____

At home, please go to the Français interactif website. Read the following grammar points in Tex's French Grammar and complete all Texercises which you will turn in to your instructor.

9.5 modal verbs: vouloir, pouvoir, devoir

Vouloir, pouvoir and devoir act as auxiliary verbs when followed by an infinitive.

Vouloir 'to want'
Pouvoir 'to be able'
Devoir 'to have to, to owe'

	veux / peux / dois
j'(e)	veux / peux / dois
tu	veux / peux / dois
il elle on	veut / peut / doit
nous	voulons / pouvons / devons
vous	voulez / pouvez / devez
ils elles	veulent / peuvent / doivent
Past participle:	voulu / pu / dû

Exercice 22. Discrimination auditive avec vouloir, pouvoir, et devoir.
A. Ecoutez et décidez si le verbe est au singulier ou au pluriel.

	singulier	pluriel
Modèle: Elles doivent rentrer avant minuit.	☐	√
1. _____	☐	☐
2. _____	☐	☐
3. _____	☐	☐
4. _____	☐	☐
5. _____	☐	☐
6. _____	☐	☐

Exercice 23. Vrai ou faux?
Avec un partenaire, décidez si les phrases suivantes sont vraies ou fausses.

Au présent...	Vrai	Faux
1. Les étudiants veulent avoir un A à tous les examens de français.	☐	☐
2. Les Français ne peuvent pas regarder de séries américaines à la télé en France.	☐	☐
3. Les étudiants doivent étudier tout le temps.	☐	☐
4. Les Américains doivent beaucoup d'argent à la Chine.	☐	☐

Au passé...	Vrai	Faux
5. A l'âge de 12 ans, les étudiants ne pouvaient pas conduire.	☐	☐
6. Le professeur ne voulait pas venir en classe aujourd'hui.	☐	☐
7. Dans les années quatre-vingt, on pouvait fumer dans les restaurants à Austin.	☐	☐
8. Les étudiants ont dû parler italien en classe hier.	☐	☐

Exercice 24. Pourquoi?
Avec votre partenaire, faites correspondre les phrases à gauche aux phrases à droite.

_____1.	Helen ne peut pas aller en classe.	a. Elle a acheté un nouvel ordinateur.
_____2.	Helen veut acheter un nouvel ordinateur	b. Elle est très malade.
_____3.	Helen veut sortir samedi soir.	c. Elle n'a pas d'argent.
_____4.	Helen ne peut pas aller en vacances.	d. Elle passe des heures à surfer le web.
_____5.	Helen doit beaucoup d'argent à VISA.	e. Elle aime s'amuser sur la sixième rue.

Exercice 25. Ce week-end.
Complétez les phrases.

1. Ce week end, je veux _____ , mais je ne peux pas.
2. Ce week end, je dois _____ , mais je ne veux pas.
3. Ce week end, je peux _____ , mais je ne dois pas.

Exercice 26. Vive internet !
En groupe, faites une liste des activités que vous pouvez faire et que vous ne pouvez pas faire sur internet. Décidez quelle(s) activité(s) vous aimez faire sur internet. Après, discutez vos réponses avec la classe.

télécharger la musique illégalement
écouter de la musique
acheter des livres
payer les factures (**bills**)
faire les devoirs
acheter une voiture
regarder du sport
regarder des films
regarder des émissions télévisées

trouver l'amour
organiser un voyage
avoir un mot de passe difficile
avoir un virus
partager (**share**) son mot de passe
partager des photos sur Facebook
suivre une célébrité sur Twitter
etc.

> **Modèle:**
>
> On peut commander (**order**) une pia . . .

1. On peut _____
2. On ne peut pas _____
3. On doit _____
4. On ne doit pas _____

Exercice 27. Au téléphone.
Faites correspondre les phrases suivantes de manière logique.

_____1. Allô, est-ce que je peux parler à Mme de Leusse?
_____2. Ne quittez pas, s'il vous plaît…
_____3. Est-ce que vous voulez laisser un message?
_____4. Allô, qui est à l'appareil?
_____5. Quel est votre numéro de téléphone?
_____6. Est-ce que Laila est là?

a. Très bien, merci, j'attends…
b. C'est Blake! Comment ça va?
c. Non, elle est sortie. Elle rentre à 20 heures.
d. C'est le 01 45 67 34 87.
e. Non merci, je vais rappeler plus tard.
f. Oui, un instant, je vous la passe…

9.6 narration: passé composé vs imparfait

Narrating a story entails both recounting a plot or a series of events, actions, changes of feelings or thoughts and describing a setting (habitual actions, atmosphere, places and people).

•Passé composé
--for required plot line events of the story in their chronological order

•Imparfait
--for background supporting details and description, not strictly ordered (scene setting, on-going actions, habitual actions)

Exercice 28. On n'arrête pas le progrès!
Complétez les phrases suivantes avec devoir, pouvoir ou vouloir, à l'imparfait ou au présent. Soyez logiques!

1. Au Moyen-Age, les Français _____
   travailler 70 heures par semaine. Maintenant, ils _____
   seulement (**only**) travailler 35 heures par semaine.

2. Au XVIIème siècle, on _____
   traverser l'océan Atlantique en bateau, maintenant, on _____
   le traverser en avion ou en bateau.

3. Au XVIIIème siècle, on ne _____ pas marcher sur la lune, maintenant on
   _____ le faire.

4. Au XXème siècle, nous ne _____ pas
   consulter _____
   internet sur les téléphones portables, maintenant nous _____ le faire, si nous
   _____.

Dictogloss 1. Au téléphone.
Formez des groupes de 3 ou 4 personnes. Ecoutez le texte lu par votre professeur. Complétez les phrases suivantes et donnez le plus de détails possibles.

Il est 14h. Blake est dans la rue et il a envie d'appeler Laila. Mme DeLeusse répond au téléphone.

Blake :	Allô!
Mme DeLeusse:	_____ .
Blake :	Oui, bonjour, Mme DeLeusse. Comment allez vous, aujourd'hui?
Mme DeLeusse:	Bonjour, Blake, je vais très bien, merci. Et toi?
Blake :	Pas mal. Est-ce que Laila est là?
Mme DeLeusse:	Non, elle n'est pas encore rentrée de la fac. Tu veux _____ ?
Blake :	Non, je peux _____ . A quelle heure est-ce qu'elle va rentrer?
Mme DeLeusse:	Probablement d'ici 30 minutes...
Blake :	Très bien, alors _____ que j'ai appelé et que _____ .
Mme DeLeusse:	Pas de problème, _____ . A plus tard, Blake.
Blake :	Merci et au revoir Mme DeLeusse.

Exercice 29. Une conversation téléphonique.
Avec un partenaire, imaginez et écrivez une conversation téléphonique en utilisant le vocabulaire et les expressions du chapitre.

Exercice 30. Tex au cinéma.
A. Remettez les phrases suivantes dans l'ordre chronologique.

_____ Ils ont vu le film.

_____ Ils sont entrés dans la salle.

_____ Ils sont allés au cinéma.

_____ Pour son anniversaire, sa mère lui a offert une place de cinéma.

_____ Ils ont regardé les bandes-annonces.

_____ Ils ont acheté du pop-corn et du coca.

_____ Tex a adoré!

_____ Il y avait beaucoup de gens.

_____ C'était super!

_____ Tex était heureux!

_____ Quand il avait 7 ans, Tex rêvait d'aller au cinéma.

B. Comparez l'ordre de vos phrases avec un partenaire. Avez-vous le même ordre?

C. Maintenant, supprimez (**get rid of**) les phrases à l'imparfait. Avez vous le même ordre?

Exercice 31. Noël et la Saint-Sylvestre chez les Guilloteau.

En classe, regardez la vidéo qui se trouve au Chapitre 7.

A. Indiquez si les verbes sont à l'imparfait ou au passé composé.

B. Discutez pourquoi Franck a choisi l'imparfait ou bien le passé composé.

	IMP	PC
1. Aujourd'hui je vais vous parler de Noël chez nous. Regardez C'est Audrey. Elle (avoir) un an.	☐	☐
2. Ici, elle (décorer) le sapin de Noël avec sa maman.	☐	☐
3. Ici, ce (être) la veille de Noël.	☐	☐
4. On (attendre) la famille.	☐	☐
5. Regardez Voilà Virginie, son mari, et ma mère. Même ma sœur Barbara (venir) d'Afrique.	☐	☐
6. Avant le dîner, on (prendre) l'apéritif.	☐	☐
7. Mes parents (apporter) du muscat de France.	☐	☐
8. Tout le monde (attendre) le dîner avec impatience.	☐	☐
9. Ici, Audrey (admirer) le sapin avec sa grand-mère.	☐	☐
10. Regardez la belle table. C'est ma femme Nancy qui (préparer) la table.	☐	☐
11. Il y (avoir) un petit cadeau dans chaque assiette.	☐	☐
12. Il y (avoir) aussi des bougies et du gui.	☐	☐
13. Quand tout le monde (être) à table,	☐	☐
14. ..on (ouvrir) les petits cadeaux...	☐	☐
15. ..et on (plaisanter) beaucoup.	☐	☐
16. Après le dîner qui (durer) trois heures,...	☐	☐
17. ..il (être) temps d'ouvrir les cadeaux..	☐	☐
18. A minuit, nous (aller) à la messe.	☐	☐
19. Le matin, nous (être) fatigués...	☐	☐
20. ..mais Audrey (ouvrir) les cadeaux du Père Noël.	☐	☐
21. Pour la Saint-Sylvestre, on (faire) un autre repas en famille à la maison.	☐	☐
22. A minuit, on (boire) du champagne, ...	☐	☐
23. ..et tout le monde (danser)..même Audrey.	☐	☐

Exercice 32. Cadavre exquis.

A. Avec un partenaire, décidez si vous voulez être partenaire A ou B.

B. Puis lisez les directions pour votre rôle, A ou B et écrivez vos phrases comme devoirs.

Partenaire A: Passé composé

Ecrivez 5 phrases au passé composé pour décrire le week end dernier du professeur (les grandes actions de son week end, i.e. foreground information).

1. _____
2. _____
3. _____
4. _____
5. _____

Partenaire B: Imparfait

Ecrivez 5 phrases à l'imparfait pour décrire le week end dernier du professeur (le temps, le lieu, les émotions, etc., i.e. backg round information).

1. _____
2. _____
3. _____
4. _____
5. _____

C. En classe créez une histoire complète avec vos phrases et les phrases de votre partenaire au passé composé et à l'imparfait.

D. Quel groupe de la classe a l'histoire la plus cohérente?

Rappel!

Pour pratiquer la narration, n'oubliez pas de faire les activités – publicités qui se trouvent sur le site de Français interactif.

GLOSSAIRE

FRANÇAIS - ANGLAIS

à carreaux / une chemise à carreaux: plaid / plaid shirt, **10**

à fleurs / une robe à fleurs: floral (print), with flowers / floral print dress, **10**

à la mode: in fashion, **10**

abonnement: *m.* subscription, **9**

achat / faire des achats: *m.* purchase / to go shopping, **8**

acheter: to buy, **3**

acteur / actrice: *m / f.* actor / actress, **1, 9**

actif / active : active, **4**

actionnaire: *m, f.* shareholder, **13**

actions : *f pl*, , stocks, **13**

activité: *f.* activity, **2, 3**

actualité: *f.* current events, **9**

adjectif / adjectifs qui précèdent le nom : *m.* adjective / adjectives which precede the noun, **4**

administration économique et sociale: *f.* AES - public affairs, **11**

adorer: to adore, **2**

adverbe: *m.* adverb, **2**

aérobique / faire de l'aérobique: *f.* aerobics / to do aerobics, **10**

aéroport: *m.* airport, **6**

affaire / affaires: *f.* a business / business (in general), **12**

affiche: *f.* poster, **1**

africain(e): African, **2**

Afrique: *f.* Africa, **2**

âge: *m.* age, **2**

agent de voyage: *m.* travel agent, **12**

agréable: pleasant, **4**

ail: *m.* garlic, **5**

aimer: to like, to love, **2**

s'aimer: to love each other, **13**

album: *m.* album, **9**

alcoolisé(e) / boisson alcoolisée (f): alcoholic / alcoholic beverage, **5**

Algérie: *f.* Algeria , **2**

algérien(ne): Algerian, **2**

Allemagne: *f.* Germany, **2**

allemand: *m.* German, **11**

allemand(e): German, **2**

aller: to go, **3, 6**

aller à l'université: to go to the university, **3**

aller à pied: to go on foot, **6**

aller au cinéma: to go to the movies, **3**

aller au concert: to go to a concert, **3**

aller au parc: to go to the park, **3**

aller bien: to fit well, **10**

aller en boîte: to go to a nightclub, dance club, **3**

aller en cours: to attend class, **11**

aller en discothèque: to go to a nightclub, dance club, **3**

aller mal: to fit poorly, **10**

allergie: *f.* allergy, **10**

Allô...: Hello..., **9**

Alpes: *f pl*, Alps, **3**

alphabet: *m.* alphabet, **pré**

alphapage: *m.* pager, **9**

Alsace: *f.* Alsace, **3**

ambitieux / ambitieuse: ambitious, **4**

amener: to bring somebody (along), **3**

américain(e): American, **2**

Amérique: *f.* America, **2**

Amérique du Nord: *f.* North America, **2**

Amérique du Sud: *f.* South America, **2**

ami / amie: *m / f.* friend, **2**

amour / grand amour: *m.* love / the love of one's life, **13**

amour passion: *m.* infatuation-type love, **13**

amours: *m pl*, love life, **13**

amphithéâtre / amphi: *m.* amphitheater, **11**

amusant(e) / Il est amusant de: funny, amusing / It is fun (to)..., **4, 10**

s'amuser: to have, fun, **4, 8**

analyste-programmeur: *m.* analyst-programmer, **12**

ancien(ne): old, **8**

anglais: *m.* English, **pré, 11**

anglais(e): English, **2**

Angleterre: *f.* England, **2**

année: *f.* year, **1**

anniversaire / Bon (Joyeux) anniversaire!: *m.* birthday, anniversary / Happy Birthday!, **7**

anniversaire de mariage: *m.* wedding anniversary, **7**

annonceur / annonceuse: *m / f.* announcer, **9**

annuaire (téléphonique): *m.* phone book, **9**

anorak: *m.* parka, **10**

août: *m.* August, **1**

apéritif: *m.* cocktail (before dinner drink), **5**

appartement: *m.* apartment, **8**

apprendre: to learn, **5, 11**

apprendre à quelqu'un: to teach someone, **5**

après-midi: *m, f.* afternoon, **1**

architecte: *m.* architect, **1**

architecture: *f.* architecture, **11**

argent: *m.* money, **13**

Armistice, le 11 novembre: *m.* Armistice Day, **7**

armoire: *f.* armoire, **8**

arriver: to arrive, **6**

arrogant(e): arrogant, **4**

arrondissement: *m.* administrative district in a large city (e.g. Paris), **6**

art: *m.* art, **11**

artisan / artisane: *m / f.* craftsman, **12**

Ascension: *f.* Ascension Day, **7**

asiatique: Asian, **2**

Asie: *f.* Asia, **2**

asperge: *f.* asparagus, **5**

aspirateur / passer l'aspirateur: *m.* vacuum cleaner / to pass the vacuum cleaner, **8**

assez de: enough, **5**

assiette / une assiette de: *f.* plate / a plate of, a plateful, **5**

assistante sociale: *f.* social worker, **12**

assister (à): to attend, **11**

Assomption, le 15 août: *f.* feast of the Assumption, **7**

assurance: *f.* insurance, **13**

attendre: to wait for, **6**

Au revoir: Goodbye, **1**

aubergine: *f.* eggplant, **5**

auditeur / auditrice: *m / f.* listener, **9**
aujourd'hui: today, **1**
aussi: also, **2**
Australie: *f.* Australia, **2**
australien(ne): Australian, **2**
automne / en automne: *m.* fall / in the fall, **3**
autre: other, **4, 6**
avantages sociaux: *m pl*, benefits (health insurance, retirement plan, etc.), **12**
avare: miserly, **13**
avenue: *f.* avenue, **6**
avion / en avion: *m.* plane / by plane, **3**
avocat / avocate: *m / f.* lawyer, **12**
avoir: to have, **2**
avoir besoin de: to need, **2**
avoir envie de: to feel like (to want to), **2**
avoir faim: to be, hungry, **5**
avoir l'intention de: to intend (to), **2**
avoir la moyenne: to receive a passing grade, **11**
avoir les moyens de: to have the means to **13**
avoir mal à / (avoir mal à la tête, au dos, aux pieds, etc): to hurt (body part) / (to have a headache, a backache, sore feet, etc), **10**
avoir soif: to be, thirsty, **5**
avril / premier avril : *m.* April / April Fool's Day, **1, 7**
baccalauréat / bac: *m.* baccalaureate exam, **11**
bachelier / bachelière: *m / f.* student who has passed the bac , **11**
baguette: *f.* baguette, **5**
baignoire: *f.* bathtub, **8**
Balance: *f.* Libra, **13**
balcon: *m.* balcony, **8**
banane: *f.* banana, **5**
bande-dessinée: *f.* comic strip, **9**
banlieue: *f.* suburbs, **6**
banque: *f.* bank, **6, 13**
banquier / banquière: *m / f.* banker, **12**
basket: *m.* basketball, **2**
baskets: *f pl*, basketball shoes, **10**
bateau / en bateau: *m.* boat / by boat, **3**
bâtiment: *m.* building, **6**
beau / bel / belle: beautiful, **4**
beau / Il fait beau.: nice (weather) / It's nice (weather)., **3**
beaucoup / beaucoup de: a lot / a lot (of), **2, 5**
belge: Belgian, **2**
Belgique: *f.* Belgium, **2**
Bélier: *m.* Aries, **13**
beurre: *m.* butter, **5**
bibliothèque: *f.* library, **6, 11**
bicyclette: *f.* bicycle, bike, **3**
bientôt / à bientôt: soon / see you soon, **1**
bière: *f.* beer, **5**
biologie: *f.* biology, **pré, 11**
blague: *f.* joke, **7**
blanc / blanche: white, **4**
bleu(e): blue, **4**
blond / blonde: blond, **4**
blouson: *m.* short jacket, leather jacket, **10**
boeuf: *m.* beef, **5**
boire: to drink, **5**

boisson / boisson non-alcoolisée / boisson alcoolisée: *f.* drink, beverage / non-alcoholic beverage / alcoholic beverage, **5**
boîte / une boîte de: *f.* can / a can of, **5**
boîte [slang]: *f.* firm, business, **12**
boîte aux lettres: *f.* mailbox, **6**
boîte de nuit: *f.* nightclub, dance club, **3, 6**
bol / un bol de: *m.* bowl / a bowl of, a bowlful, **5**
Bon (Joyeux) anniversaire!: Happy Birthday!, **7**
bon / bonne: good, **4**
Bon appétit!: have a nice meal!, **5**
bon marché: inexpensive, **13**
Bonjour: Good day (Hello), **1**
Bonne Année!: Happy New Year!, **7**
Bonne fête!: Happy Saint's Day!, **7**
Bonsoir: Good evening, **1**
botte: *f.* boot, **10**
bouche: *f.* mouth, **4, 10**
boucher / chez le boucher: *m.* butcher / at the butcher's, **5**
boucherie / à la boucherie: *f.* butcher shop / at the butcher shop, **5, 6**
bouclé(e): curly, **4**
bougie: *f.* candle, **7**
boulanger / boulangère / chez le boulanger: *m / f.* baker / at the baker's, **5, 12**
boulangerie: *f.* bakery, **6**
boulangerie-pâtisserie / à la boulangerie-pâtisserie: *f.* bakery-pastry shop / at the bakery-pastry shop, **5**
boulevard: *m.* boulevard, **6**
boulot [slang]: *m.* job, **12**
bourguignon (ne): from Burgundy, **5**
Bourgogne: *f.* Burgundy, **3**
bourse / bourse (de Paris): *f.* stock market / (Paris) stock market, **13**
bout / au bout (de): *m.* end / at the far end (of), **6**
bouteille / une bouteille de: *f.* bottle / a bottle of, **5**
boutique: *f.* boutique, **6**
branché(e): in fashion, **10**
bras: *m.* arm, **10**
Bretagne: *f.* Brittany, **3**
bricoler: to make, home repairs or improvements, **8**
brioche: *f.* brioche, **5**
se brosser les cheveux: to brush your hair, **4**
se brosser les dents: to brush your teeth, **4**
brouillard / Il y a du brouillard. : *m.* fog / It's foggy., **3**
brun / brune: brown (hair), brunette, **4**
bûche de Noël: *f.* Yule log (also a cake in the shape of a Yule log), **7**
budget / faire un budget / dépasser son budget: *m.* budget / to establish a budget / to go beyond one's budget, **13**
buffet: *m.* hutch, buffet, **8**
bulletin de notes: *m.* grade report, **11**
bureau / sur le bureau: *m.* desk, office / on the desk, **1, 6, 8, 12**
bureau de poste: *m.* post office, **6**
bureau de tabac: *m.* tobacco shop, **6**
bus / en bus: *m.* bus / by bus, **3**
cabine téléphonique: *f.* phone booth, telephone booth, **6, 9**

cadeau: *m.* gift, **7**
cadre: *m.* executive, **12**
cafard: *m.* cockroach, **pré**
café / au café: *m.* coffee, café / at the café, **5, 6**
cafétéria: *f.* cafeteria, **11**
cahier: *m.* notebook, **1**
caisse d'épargne: *f.* savings and loan association, **13**
caissier / caissière : *m / f.* cashier, **12**
calendrier / calendrier français : *m.* calendar / French calendar, **1, 7**
calme : calm, **4**
camarade: *m, f.* friend, **2**
campagne: *f.* country, **3**
Canada: *m.* Canada, **2**
canadien(ne): Canadian, **2**
canapé: *m.* couch, **8**
canard: *m.* duck, **5**
Cancer: *m.* Cancer, **13**
canoë / faire du canoë: *m.* canoeing / to go canoeing, **10**
Capricorne: *m.* Capricorn, **13**
car / en car: *m.* tour bus / by tour bus (from city to city), **3**
cardinal / cardinale / cardinaux / cardinales: cardinal, **1**
Carnaval (Mardi Gras): *m.* Mardi Gras, Carnival, **7**
carotte: *f.* carrot, **5**
carré(e): square, **4**
carrefour / au carrefour (de): *m.* intersection / at the intersection of, **6**
carrière: *f.* career, **12**
carte (du monde) / jouer aux cartes: *f.* card, map (of the world) / to play cards, **1, 2**
carte d'étudiant: *f.* student ID card, **11**
carte de voeux: *f.* greeting card, **7**
carte postale virtuelle: *f.* virtual postcard, **9**
carte téléphonique: *f.* phone card, **9**
casquette: *f.* cap, **10**
cathédrale: *f.* cathedral, **3, 6**
cave: *f.* cellar, wine cellar, **8**
cédérom / CD-rom: *m.* CD-rom, **9**
ceinture: *f.* belt, **10**
célèbre: famous, **9**
célébrer: to celebrate, **7**
célébrité: *f.* celebrity, **9**
cent / deux cents: hundred (one hundred) / two hundred, **3**
centre / au centre: *m.* center / in the center, **3, 6**
centre commercial: *m.* shopping center, mall, **6, 10**
centre-ville: *m.* downtown, **6**
céréales: *f pl,* cereal, **5**
cérémonie: *f.* ceremony, **7**
cerise: *f.* cherry, **5**
chaîne: *f.* channel, **9**
chaîne-stéréo: *f.* stereo, **8**
chaise: *f.* chair, **1, 8**
chambre / dans la chambre...: *f.* bedroom / in the bedroom…, **8**
champagne: *m.* champagne, **5, 7**
champignon: *m.* mushroom, **5**
Chandeleur, le 2 février: *f.* Candlemas, **7**
changer: to change, **3**

chanson: *f.* song, **9**
chanter: to sing, **2, 9**
chanteur / chanteuse: *m / f.* singer, **1, 9**
chapeau: *m.* hat, **10**
chapitre: *m.* chapter,
charcuterie / à la charcuterie: *f.* pork butcher shop, delicatessen / at the pork butcher shop/delicatessen , **5, 6**
charcutier / charcutière / chez le charcutier: *m / f.* pork butcher / at the pork butcher's, **5**
chargé(e): full/busy (referring to schedule), **11**
chat / chatte: *m / f.* cat, **pré**
châtain (invariable): light brown, chestnut, **4**
château: *m.* castle, **3**
chaud(e) / Il fait chaud.: hot / It's hot (weather)., **3**
chaussette: *f.* sock, **10**
chaussure: *f.* shoe, **10**
chef d'entreprise: *m.* company head, business owner, **12**
chemise: *f.* man's shirt, **10**
chemisier: *m.* blouse, **10**
cher / chère: expensive, dear, **13**
chercher: to look for, **2**
chercher une situation: to look for a job, **12**
chercheur: *m.* researcher, **12**
cheveux / se brosser les cheveux / De quelle couleur sont vos cheveux?: *m pl,* hair / to brush your hair / What color is your hair?, **4**
cheville: *f.* ankle, **10**
chez: at someone's house, **6**
chimie: *f.* chemistry, **pré, 11**
Chine: *f.* China, **2**
chinois: *m.* Chinese, **11**
chinois(e): Chinese, **2**
choisir: to choose, **5**
chômage: *m.* unemployment, **12**
chômeur / chômeuse: *m / f.* unemployed person, **12**
chou: *m.* cabbage, **5**
cicatrice: *f.* scar, **4**
cinéma / aller au cinéma: *m.* movie theater, cinema / to go to the movies, **3, 6, 9**
cinq: five, **1**
cinquante: fifty, **1**
cinquième: fifth, **6**
citron: *m.* lemon, **5**
clair(e): bright, full of light, **8**
classe / en classe / la salle de classe: *f.* class / in class / classroom, **1**
clavier: *m.* keyboard, **9**
client / cliente: *m / f.* client, customer, **12**
cliquer: to click, **9**
coca-cola: *m.* cola, **5**
coiffeur / coiffeuse: *m / f.* hair dresser, **1, 12**
coiffure / Comment est-il coiffé?: *f.* hairstyle / What is his hair like?, **4**
coin / au coin (de): *m.* corner / at the corner of, **6**
collège: *m.* junior high, middle school, **6, 11**
comédie: *f.* comedy (movie, play), **9**
comédie musicale: *f.* musical comedy, **9**
comique: funny, **9**
commander / au café, on commande...: to order / at the café, you order…, **5**

comment: how, **2**

commerçant / commerçante: *m / f.* shopkeeper, store owner, **12**

commerce / petits commerces: *m.* business, trade / small businesses, **pré, 6**

commode: *f.* chest of drawers, **8**

communication: *f.* communications (subject matter), **11**

communications: *f pl,* communications, **9**

compétitif / compétitive: competitive, **4**

comprendre: to understand, **1, 5, 11**

comptabilité: *m / f.* accounting, **pré, 11**

comptable: *m.* accountant, **12**

compte (bancaire): *m.* account, (bank) account, **13**

concert / aller au concert: *m.* concert / to go to a concert, **3, 9**

concombre: *m.* cucumber, **5**

concours (d'entrée): *m.* competitive entrance exam, **11**

concubinage: *m.* living together out of wedlock, **13**

confortable: comfortable, **8**

congé: *m.* vacation day, **12**

congélateur: *m.* freezer, **8**

continent: *m.* continent, **2**

continuer: to continue, **6**

contrôle: *m.* test, exam, **11**

copain / copine: *m / f.* friend; boyfriend / girlfriend, **2**

copie: *f.* student paper, **11**

coq au vin: *m.* chicken (rooster) stewed in red wine, **5**

corps (invariable): *m.* body, **10**

corriger: to correct, **11**

corsaire: *m.* crop pants, **10**

Corse: *f.* Corsica, **3**

costume: *m.* costume / man's suit, **7, 10**

côté / à côté (de): *m.* side / beside, next to **6**

côte / sur la côte: *f.* coast / on the coast, **3**

Côte d'Azur: *f.* the Riviera, **3**

côtelette / une côtelette de porc: *f.* cutlet, chop / a pork chop, **5**

cou: *m.* neck, **4, 10**

se coucher: to go to bed, **4**

coude: *m.* elbow, **10**

couleur: *f.* color, **4**

couloir: *m.* hallway, **8**

coup de foudre: *m.* love at first sight, **13**

couple: *m.* couple, **13**

courgette: *f.* zucchini, **5**

courrier électronique: *m.* e-mail, **9**

cours (invariable) / cours (de maths…) / aller en cours: *m.* class, course / class (math class…) / to attend class, **11**

cours magistral / des cours magistraux: *m.* large lecture class, **11**

course / faire des courses: *f.* errand / to do errands, **8**

course à pied / faire de la course à pied: *f.* running / to go running, **10**

court(e): short, **4**

couteau / un couteau de: *m.* knife / a knife of, a knifeful, **5**

coûter: to cost, **13**

coutume: *f.* custom, **7**

couturier / couturière: *m / f.* fashion designer, seamstress, **12**

craie: *f.* chalk, **1**

cravate: *f.* tie, **10**

crayon: *m.* pencil, **1**

créatif / créative : creative, **4**

crème brûlée: *f.* crème brûlée, **5**

crème caramel: *f.* caramel custard, **5**

crêpe: *f.* crepe, **7**

critique (de films, d'art, etc.): *m, f.* critic (film, art, etc.), **12**

croire: to believe, **5**

croissant: *m.* croissant, **5**

croque-madame: *m.* croque -monsieur with a fried egg, **5**

croque-monsieur: *m.* toasted cheese sandwich with ham, **5**

crudités: *f.pl,* raw vegetables with vinaigrette, **5**

cuillère / une cuillère de: *f.* spoon / a spoonful of, **5**

cuisine / dans la cuisine / faire la cuisine: *f.* kitchen, cooking / in the kitchen / to cook, **5, 8**

cuisinier / cuisinière: *m / f.* cook, **12**

cuisinière: *f.* stove, **8**

curieux / curieuse: curious, **4**

curriculum vitae (CV): *m.* résumé, **12**

cyclisme / faire du cyclisme: *m.* cycling / to go cycling, **10**

danser: to dance, **2**

date / Quelle est la date?: *f.* date / What's the date?, **1**

débrouillard(e): resourceful, **4**

décembre: *m.* December, **1**

décontracté(e): casual, **10**

se décourager: to be discouraged, **11**

décrocher: to pick up/answer (the phone), **9**

défilé (militaire): *m.* parade, (military) parade, **7**

défilé de mode: *m.* fashion show, **10**

déjeuner: *m.* lunch, **5**

déjeuner: to have lunch, **5**

délicieux / délicieuse: delicious, **5**

demain / à demain: tomorrow / see you tomorrow, **1**

demande d'emploi / faire une demande d'emploi: *f.* job application / to apply for a job, **12**

demander: to ask (for), **6**

déménager: to move (change residences), **8**

dépenses : expenses, **13**

démodé(e): out of style, **10**

dent / dents / se brosser les dents: *f.* tooth / teeth / to brush your teeth, **4**

dentiste: *m, f.* dentist, **1, 12**

dépasser son budget: to go beyond one's budget, **13**

se dépêcher: to hurry, **4, 8**

dépenser: to spend, **13**

dépensier / dépensière: *m / f.* spendthrift, **13**

se déplacer (en ville): to get around (town), **6**

dernier / dernière: last, **1, 11**

derrière: behind, **6**

derrière: *m.* rear, behind, **10**

désagréable: unpleasant, **4**

descendre: to go down, to go downstairs, **6**

désordre / en désordre: *m.* disorderliness / messy, **8**

dessert: *m.* dessert, **5**

dessin: *m.* drawing, design, **11**

dessin animé: *m.* cartoon, **9**
se détendre: to relax, **10**
détester: to detest, **2**
deux: two, **1**
deuxième: second, **6**
devant: in front of, **6**
devoirs: *m pl*, homework, **1, 11**
dialoguer en direct: to chat on-line, **9**
dictionnaire: *m.* dictionary, **1**
difficile / Il est difficile de: difficult / It is difficult (to)..., **10**
dimanche: *m.* Sunday, **1**
dinde: *f.* turkey, **5**
dîner: *m.* dinner, supper, **5**
dîner: to have dinner, **5**
diplôme: *m.* diploma, degree, **11**
discipliné(e): disciplined, **10**
disc-jockey / DJ: *m.* dee-jay, **9**
discothèque: *f.* dance club, disco, nightclub, **3, 6**
se disputer: to argue (with one another), **8**
distributeur (automatique de billets): *m.* ATM (automatic teller machine), **13**
divorcer: to divorce, to get divorced, **13**
dix: ten, **1**
dix-huit: eighteen, **1**
dix-huitième: eighteenth, **6**
dixième: tenth, **6**
dix-neuf: nineteen, **1**
dix-neuvième: nineteenth, **6**
dix-sept: seventeen, **1**
dix-septième: seventeenth, **6**
DJ / disc-jockey: *m.* dee-jay, **9**
documentaire: *m.* documentary, **9**
doigt: *m.* finger, **10**
donner: to give, **7**
dormir: to sleep, **3**
dos: *m.* back, **10**
douche: *f.* shower, **8**
douzaine / une douzaine d'oeufs: *f.* dozen / a dozen eggs, **5**
douze: twelve, **1**
douzième: twelfth, **6**
draguer: to try to pick up, to hit on, to flirt, **13**
drame: *m.* drama, **9**
droit: *m.* law, **11**
droit(e) / à droite (de), sur votre droite / tout droit: right / on the right / straight ahead, **6**
drôle: funny, **4**
dur(e): hard, tough, **12**
durer: to last, **9**
dynamique: dynamic, **12**
eau / eau minérale: *f.* water / mineral water, **5**
échecs / jouer aux échecs: *m pl*, chess / to play chess, **10**
école: *f.* school, **6**
Ecole de commerce: *f.* business school, **11**
e-commerce: *m.* e-commerce, **9**
économe: economical, frugal, **13**
économie: *f.* economics, **11**
écouter: to listen to..., **2**
écouter en direct: to listen to a live broadcast, **9**
écran: *m.* monitor, **9**

écrivain: *m.* writer, **12**
écureuil: *m.* squirrel, **pré**
église: *f.* church, **6**
égoïste: selfish, **4**
email : *m.* e-mail, **9**
embaucher / être embauché(e): to hire / to be hired, **12**
embrasser : to kiss, **2**
s'embrasser: to kiss each other, **13**
émission: *f.* show, **9**
émission de variétés: *f.* variety show, **9**
emmener: to take somebody (along), **3**
emploi: *m.* job, **12**
emploi du temps: *m.* schedule, **11**
employé / employée (de bureau): *m / f.* employee (office employee), **12**
emprunt-étudiant : *m.* student loan, **13**
emprunt-logement: *m.* mortgage, **13**
enfant: *m, f.* child, **2**
en-ligne: online, **9**
s'ennuyer: to be, bored, **4, 8**
ennuyeux / ennuyeuse: boring, **4, 9**
enseignant: *m.* teacher, **12**
entendre: to hear, **6**
s'entendre: to get along (with one another), **8**
enthousiaste: enthusiastic, **4**
entrée: *f.* first course, **5**, entranceway, **8**
entreprise: *f.* firm, business, **12**
entrer: to enter, **6**
entretien: *m.* interview, **12**
épice: *f.* spice, **5**
épicé(e): spicy, **5**
épicerie / à l'épicerie: *f.* grocery store / at the grocery store, **5, 6**
épicier / épicière / chez l'épicier : *m / f.* grocer / at the grocer's, **5**
épinard: *m.* spinach, **5**
EPS (éducation physique et sportive) : *f.* physical education, **11**
escalade / faire de l'escalade: *f.* rock-climbing / to go rock-climbing, **10**
escalier: *m.* staircase, stairs, **8**
escargot: *m.* snail, **pré**
Espagne: *f.* Spain, **2**
espagnol: *m.* Spanish, **pré, 11**
espagnol(e): Spanish, **2**
espérer: to hope, **3**
essayer: to try, **3**
essentiel / essentielle / Il est essentiel de: essential / It is essential (to), **10**
est / dans l'est, à l'est: *m.* east / in the east, **3**
étagère: *f.* bookcase, **8**
Etats Unis: *m pl*, United States, **2**
été / en été: *m.* summer / in the summer, **3**
étranger / étrangère: foreign, **9**
être accro à (l'internet, à la télé...)[slang]: to be, addicted, to have a habit, **9**
être au régime: to be on a diet, **10**
être bon(ne) en: to be good in/at, **11**
être de bonne humeur : to be in a good mood, **4**
être de mauvaise humeur: to be in a bad mood, **4**
être embauché(e): to be hired, **12**

être en forme: to be in shape, **10**
être en solde: to be on sale, **13**
être fauché(e) [slang]: to be broke, **13**
être licencié(e): to be laid off, **12**
être mauvais(e) en: to be bad in/at, **11**
être mis(e) à la porte: to be fired, **12**
être muté(e): to be transferred, **12**
être nul(le) en [slang]: to to suck in/at [slang], **11**
étude / études secondaires / études supérieures: *f.*
study / high school studies / university studies, **11**
étudiant / étudiante / Je suis étudiant(e) en...
(français, maths, etc.): *m / f.* student / I am a student
in...(French, math, etc.), **pré**
étudier: to study, **2**
euro: *m.* euro (currency), **13**
Europe: *f.* Europe, **2**
européen(ne): European, **2**
évier: *m.* sink, **8**
examen: *m.* test, exam, **1, 11**
exercice: *m.* exercise, **1**
exposé oral: *m.* paper / presentation, **11**
exposition: *f.* exhibition, show, **3**
expression / expressions de quantité: *f.* expression /
expressions of quantity, **5**
expression impersonnelle: *f.* impersonal expression,
10
fac: *f.* college, university, **11**
face / en face (de): *f.* side, face / facing, opposite, **6**
se fâcher: to get, angry, **4, 8**
facile / Il est facile de: easy / It is easy (to)..., **10**
facteur: *m.* mail carrier, **12**
facture / facture de téléphone: *f.* bill / telephone bill,
13
Faculté de droit: *f.* law school, **11**
Faculté de médecine: *f.* school of medicine, **11**
Faculté de pharmacie: *f.* school of pharmacy, **11**
Faculté des Beaux-Arts: *f.* school of fine arts, **11**
Faculté des lettres et des sciences humaines: *f.*
school of humanities/liberal arts, **11**
Faculté des sciences: *f.* school of sciences, **11**
faire de l'aérobique: to do, aerobics, **10**
faire de l'escalade: to go, rock-climbing, **10**
faire de la bicyclette: to go, bicycle riding, **3**
faire de la course à pied: to go, running, **10**
faire de la musculation: to train with weights, **10**
faire de la natation: to go, swimming, **10**
faire de la peinture: to paint (art), **10**
faire de la planche à voile: to go, windsurfing,
sailboarding, **3, 10**
faire de la randonnée: to go, hiking, **10**
faire de la voile: to go, sailing, **3**
faire des achats: to go, shopping, **8**
faire des courses: to do, errands, **8**
faire des économies: to save money, **13**
faire des progrès: to improve, **11**
faire des randonnées: to go, hiking, **3**
faire du bateau: to go, boating, **3**
faire du canoë: to go, canoeing, **10**
faire du cyclisme: to go, cycling, **10**
faire du footing: to go, running, **10**
faire du kayak: to go , kayaking, **10**
faire du roller: to go , roller blading, **10**

faire du ski: to go, skiing, **3, 10**
faire du sport: to exercise, **10**
faire du vélo: to go, cycling, **3**
faire la cuisine: to cook, **5, 8**
faire la fête: to party, **7**
faire la lessive: to do laundry, **8**
faire la vaisselle: to do the dishes, **5, 8**
faire le lit: to make the bed, **8**
faire le marché: to do the grocery shopping, **5, 8**
faire le ménage: to do housework, **8**
faire le pont: literally 'to make a bridge' - The French
often take an extra day off from work when a holiday
falls on Tuesday or Thursday. If the holiday falls on
Tuesday, they take Monday off, and if the holiday
falls on Thursday, they take Friday off thus, **7**
faire ses devoirs: to do one's homework, **11**
faire un budget: to establish a budget, **13**
faire un don: to make a donation, **13**
faire un effort: to make an effort, **11**
faire un poisson d'avril: to play a joke (on someone),
7
faire un régime: to be on a diet, **5, 10**
faire une demande d'emploi: to apply for a job, **12**
faire une promenade: to go for a, walk, to take a
walk, **3, 10**
falloir / Il faut + infinitive: to be, necessary, must,
have to (obligation) / It is necessary (to), **10**
famille: *f.* family, **2**
famille étendue: *f.* extended family, **2**
fatigant(e) / Il est fatigant de: tiring, annoying / It is
tiring/annoying (to)..., **10**
fauteuil: *m.* armchair, **8**
femme: *f.* woman, wife, **2**
femme au foyer: *f.* housewife, **12**
fenêtre: *f.* window, **1, 8**
fesses: *f pl,* buttocks, **10**
fête / fêtes / Bonne fête!: *f.* saint's day, celebration,
party / holidays / Happy Saint's Day!, **7**
fête des mères: *f.* Mother's Day, **7**
fête des pères: *f.* Father's Day, **7**
fête du Travail, le 1er mai: *f.* Labor Day, **7**
fête nationale, le 14 juillet: *f.* Bastille Day, French
National Day, **7**
fêter: to celebrate, **7**
feuilleton: *m.* series, **9**
feux d'artifice: *m pl,* fireworks, **7**
février: *m.* February, **1**
fiançailles : *pl,* engagement, **13**
fiancé / fiancée: *m / f.* fiancé / fiancée, **2**
se fiancer: to get engaged, **13**
fiche d'identité: *f.* identification form, **2**
fille: *f.* daughter, **2**
fille unique: *f.* only child (female), **2**
film: *m.* movie, **9**
film d'amour: *m.* romantic movie, **9**
film d'aventures: *m.* adventure movie, **9**
film d'épouvante: *m.* horror movie, **9**
film d'action: *m.* action film, **9**
film de science-fiction: *m.* science-fiction movie, **9**
film d'horreur: *m.* horror movie, **9**
film policier: *m.* detective/police movie, **9**
fils: *m.* son, **2**

fils unique: *m.* only child (male), **2**

finances: *f pl,* finances, **13**

finir: to finish, **5**

fleuve: *m.* major river (that flows to the sea), **3, 6**

fonctionnaire: *m, f.* civil servant, government worker, **12**

fondant au chocolat: *m.* rich chocolate flourless cake, **5**

football: *m.* soccer, **2**

footing / faire du footing: *m.* running / to go running, **2, 10**

forêt: *f.* forest, **3**

formation: *f.* education, training, **12**

forme / Quelle est la forme de son visage?: *f.* form, shape, fitness / What's the shape of his face?, **4, 10**

formulaire: *m.* form, **12**

forum: *m.* bulletin board, newsgroup, **9**

fou / folle : crazy, **4**

four: *m.* oven, **8**

four à micro-ondes: *m.* microwave, **8**

fourchette / une fourchette de: *f.* fork / a forkful of, **5**

fourmi: *f.* ant, **pré**

frais: *m pl,* fees, **13**

frais / fraîche: fresh, **5**

frais / Il fait frais.: cool (weather) / It's cool (weather)., **3**

frais de crèche: *m pl,* child-care expenses, **13**

frais de garderie: *m pl,* child-care expenses, **13**

frais de scolarité: *m pl,* tuition, education expenses, **13**

fraise: *f.* strawberry, **5**

framboise: *f.* raspberry, **5**

franc: *m.* franc (currency), **13**

franc / franche : frank, **4**

français: *m.* French, **pré, 11**

français(e): French, **2**

France: *f.* France, **2**

frère: *m.* brother, **2**

frigo: *m.* fridge, **8**

froid(e) / Il fait froid.: cold / It's cold (weather)., **3**

fromage: *m.* cheese, **5**

front: *m.* forehead, **4**

fruit: *m.* fruit, **5**

fumer: to smoke, **10**

gagner / gagner sa vie / gagner de l'argent: to earn, to win / to earn a living / to earn money, **12**

garage: *m.* garage, **8**

gare: *f.* train station, **6**

Garonne: *f.* Garonne (river), **3**

gaspiller: to waste, **13**

gâteau / gâteau au chocolat: *m.* cake / chocolate cake, **5, 7**

gauche / à gauche (de), sur votre gauche: left / on the left, **6**

Gémeaux: *m pl,* Gemini, **13**

généreux / généreuse: generous, **4, 13**

genou: *m.* knee, **10**

gens: *m pl,* people, **4**

gentil / gentille: kind, nice, **4**

géographie: *f.* geography, **pré, 3, 11**

gérer: to manage, direct, organize, **12**

gestion: *f.* management, **12**

gilet: *m.* button-up sweater, **10**

glace: *f.* ice cream, **5**

golf: *m.* golf, **2**

gorge: *f.* throat, **10**

goûter: *m.* snack, **5**

gramme / 50 grammes de: *m.* gram / 50 grams of , **5**

grand amour: *m,* the, love of one's life, **13**

grand(e): tall, big, **4**

grande école: *f.* elite professional school, **11**

grandir: to grow up, **5**

grand-mère: *f.* grandmother, **2**

grand-père: *m.* grandfather, **2**

grands-parents: *m pl,* grandparents, **2**

gratuit(e): free, **9**

grenier: *m.* attic, **8**

grillé(e): grilled, **5**

grippe: *f.* the flu, **10**

gris(e): gray, **4**

gros / grosse : big, fat, **4**

grossir: to gain weight, **5, 10**

gui: *m.* mistletoe, **7**

guitare / jouer de la guitare: *f.* guitar / to play the guitar, **2**

guyanais(e) : Guyanese, **2**

Guyane française: *f.* French Guyana, **2**

habillé(e): dressy, **10**

s' habiller: to dress (oneself), to get dressed, **4, 10**

habiter: to live, **2**

haché(e): chopped, **5**

hall d'entrée: *m.* foyer, **8**

Halloween: Halloween, **7**

Hanouka: Hannukah, **7**

haricot vert*: *m.* green bean, **5**

héritage: *m.* inheritance, **13**

heure / l'heure officielle: *f.* time (the), hour / official time, **2**

heureux / heureuse : happy, **4**

Hexagone: *m.* France, **3**

hip-hop: *m.* hip-hop, **2**

histoire: *f.* history, **pré, 11**

hiver / en hiver: *m.* winter / in the winter, **3**

homme: *m.* man, **2**

honnête: honest, **4, 12**

hôpital: *m.* hospital , **6**

horoscope: *m.* horoscope, **13**

hôtel: *m.* hotel, **6**

hôtel de ville : *m.* city hall, mayor's office, **6**

huile: *f.* oil, **5**

huit: eight, **1**

huitième: eighth, **6**

humeur / être de bonne humeur / être de mauvaise humeur: *f.* mood, humor / to be in a good mood / to be in a bad mood, **4**

hypocrite: hypocritical, **4**

idéaliste: idealistic, **4**

Il y a: There is, there are…, **1**

Ile de France (la région parisienne): *f.* Ile de France (Parisian region), **3**

immeuble: *m.* apartment building, **6**

imperméable: *m.* raincoat, **10**

important(e) / Il est important de: important / It is important (to), **10**

impôt / payer des impôts: *m.* tax / to pay taxes, **12, 13**

incapable: incapable, incompetent, **4**

indices (i.e., le CAC 40): *m pl*, indices (i.e., DJIA, NASDAQ), **13**

indifférent(e): indifferent, **4**

indispensable / Il est indispensable de: essential / It is essential (to), **10**

infirmier / infirmière: *m / f.* nurse, **12**

informaticien / informaticienne: *m / f.* computer scientist, **12**

informations: *f pl*, news, **9**

informatique: *f.* computer science, **pré, 11**

ingénieur: *m.* engineer, **1, 12**

s' inquiéter: to worry, **8**

s' inscrire (à la fac, au ciné-club...): to register/enroll (in college, in the film club...), **11**

instituteur / institutrice: *m / f.* teacher (elementary school), **12**

intelligent(e): intelligent, **4**

intéressant(e): interesting, **4**

internaute: *m.* internet user, **9**

internet: *m.* internet, **9**

interrogatif / interrogative: interrogative, **2**

inutile: useless, **12**

inviter: to invite, **7**

Italie: *f.* Italy, **2**

italien: *m.* Italian, **11**

italien(ne): Italian, **2**

jambe: *f.* leg, **10**

jambon: *m.* ham, **5**

janvier: *m.* January, **1**

Japon: *m.* Japan, **2**

japonais(e): Japanese, **2**

jardin / jardin public: *m.* garden, yard / park, large garden, **6, 8**

jaune: yellow, **4**

jazz: *m.* jazz, **2**

jean: *m.* jeans, **10**

jeu télévisé: *m.* game show, **9**

jeudi: *m.* Thursday, **1**

jeune: young, **4**

job: *m.* job, **12**

joli(e): pretty, **4**

joue: *f.* cheek, **4**

jouer...au foot / au tennis / aux cartes / aux échecs / de la guitare / du piano / : to play... soccer / tennis / cards / chess / guitar / piano, **2, 10**

jour: *m.* day, **1**

Jour de l'An, le premier janvier / Bonne Année!: *m.* New Year's Day / Happy New Year!, **7**

jour férié: *m.* national holiday, **7**

journal (national, régional): *m.* news, newspaper (national, regional), **9**

journaliste: *m, f.* reporter, journalist, **1, 12**

Joyeuses Pâques!: Happy Easter!, **7**

Joyeux Noël!: Merry Christmas! , **7**

juillet: *m.* July, **1**

juin: *m.* June, **1**

jupe: *f.* skirt, **10**

Jura: *m.* Jura (mountains), **3**

juriste: *m, f.* attorney, **12**

jus / jus de fruit: *m.* juice / fruit juice, **5**

kayak / faire du kayak: *m.* kayaking / to go kayaking, **10**

kilo / un kilo de: *m.* kilo / a kilo of, **5**

kinésithérapeute: *m.* chiropractor, physical therapist, **12**

kiné: *m.* chiropractor, physical therapist, **12**

kiosque (à journaux): *m.* news stand, **9**

laboratoire / labo / au labo: *m.* laboratory / lab / in the lab, **1, 11**

lac: *m.* lake, **3**

laisser: to leave, **9**

lait: *m.* milk, **5**

laitue: *f.* lettuce, **5**

lampe: *f.* lamp, **8**

langue: *f.* language, **pré, 11**

latin: *m.* Latin, **11**

lavabo: *m.* sink, **8**

lave-linge: *m.* washing machine, **8**

se laver: to wash (oneself), **4**

laverie: *f.* launderette, **6**

lave-vaisselle: *m.* dishwasher, **8**

légume: *m.* vegetable, **5**

lessive / faire la lessive: *f.* laundry detergent / to do laundry, **8**

lettre de motivation: *f.* cover letter (to accompany a CV), **12**

se lever: to get up, **4**

librairie : *f.* bookstore , **6**

licencier / être licencié(e): to lay off / to be laid off, **12**

lien: *m.* link, **9**

lieu: *m.* place, **3**

lingerie / dans la lingerie: *f.* laundry room / in the laundry room, **8**

linguistique: *f.* linguistics, **11**

Lion: *m.* Leo, **13**

lire: to read, **2**

lit / faire le lit: *m.* bed / to make the bed, **8**

litre / un litre de: *m.* liter / a liter of, **5**

littérature: *f.* literature, **pré, 11**

living: *m.* living room, **8**

livre: *m.* book, **1, 9**

logement: *m.* housing, **13**

loin (de): far, **6**

Loire: *f.* Loire (river), **3**

long / longue: long, **4**

Lorraine: *f.* Lorraine, **3**

louer: to rent, **13**

loyer: *m.* rent, **13**

lundi: *m.* Monday, **1**

lunettes: *f pl*, glasses, **4**

lunettes de soleil: *f pl*, sunglasses, **10**

lycée: *m.* high school, **6, 11**

lycéen / lycéenne: *m / f.* high school student, **11**

Madame / Mesdames: *f.* Ma'am (Mrs.) / ladies, **1**

Mademoiselle / Mesdemoiselles: *f.* Miss / ladies (unmarried), **1**

magasin (de musique, de vidéo, etc.): *m.* store (music, video, etc.), **6**

magazine: *m.* magazine, **9**

magazine d'actualités (à la télévision): *m.* news show, **9**

magnétoscope: *m.* videocassette recorder, VCR, **9**

mai: *m.* May, **1**

maigre: thin, skinny, **4**

maigrir: to lose weight, **5**

mail: *m.* e-mail, **9**

maillot de bain: *m.* swimsuit, **10**

main: *f.* hand, **10**

maintenant: now, **2**

mairie : *f.* city hall, mayor's office, **6**

maison / à la maison: *f.* house / at home, **6, 8**

malade / tomber malade: sick / to get sick, **10**

maladie: *f.* illness, **10**

malhonnête: dishonest, **4**

Manche: *f.* English Channel, **3**

manger: to eat, **3**

manteau: *m.* coat, **10**

se maquiller: to put on make-up, **4**

marché / au marché: *m.* market / at the market, **5**

marché du travail: *m.* job market, **12**

marcher: to walk, **6**

mardi: *m.* Tuesday, **1**

mari: *m.* husband, **2**

mariage: *m.* marriage, wedding, **13**

se marier: to marry, to get married, **13**

Maroc: *m.* Morocco, **2**

marocain(e): Moroccan, **2**

marque: *f.* brand, **10**

marrant(e): funny, **9**

marron (invariable): brown, **4**

mars: *m.* March, **1**

Massif Central: *m.* Massif Central, **3**

mathématiques / maths: *f pl*, math, **pré, 11**

matière: *f.* subject (school), **pré, 11**

matin: *m.* morning, **1**

mauvais(e) / Il fait mauvais.: bad / It's bad (weather)., **3, 4**

mayonnaise: *f.* mayonnaise, **5**

médecin: *m.* doctor, physician, **1, 12**

médecine: *f.* medicine, **11**

médias: *m pl*, media, **9**

médicament: *m.* medicine, **10**

Meilleurs Voeux!: Best wishes!, **7**

mémoire: *m.* term paper, **11**

ménage / faire le ménage: *m.* housekeeping, **8**

menton: *m.* chin, **4**

mer: *f.* sea, **3**

mer Méditerranée: *f.* Mediterranean Sea, **3**

mercredi: *m.* Wednesday, **1**

mère: *f.* mother, **2**

message: *m.* message, **9**

messe: *f.* mass, **7**

météo: *f.* weather report, **9**

métier: *m.* profession, career, job, **12**

métro / en métro: *m.* metro / by metro, **3**

mettre: to put (on), **10**

mettre à jour: to update, **13**

mettre à la porte / être mis(e) à la porte: to fire / to be fired, **12**

mettre de côté: to put aside, to save, **13**

meuble / meubles: *m.* piece of furniture / furniture, **8**

mexicain(e): Mexican, **2**

Mexique: *m.* Mexico, **2**

mignon / mignonne: cute, **4**

migraine: *f.* migraine headache, **10**

militaire: *m.* person in the armed services, **12**

million (1.000.000): *m.* million (one million), **3**

mince : thin, slender, **4**

mincir: to lose weight, **10**

ministre: *m.* government minister, **12**

minitel: *m.* terminal connected to the French telecommunications system, **9**

miroir: *m.* mirror, **8**

mode / à la mode: *f.* fashion / in fashion, **10**

moderne: modern, **8**

mois: *m.* month, **1**

monde / monde du travail: *m.* world / working world, **12**

Monsieur / Messieurs: *m.* Sir / gentlemen, **1**

montagne: *f.* mountain, **3**

monter: to go up, to go upstairs, to climb, **6**

montrer: to show, **9**

monument: *m.* monument , **3**

moquette: *f.* carpet (wall to wall), **8**

morceau / un morceau de: *m.* piece / a piece of, **5**

mosquée: *f.* mosque, **6**

mot / mots interrogatifs: *m.* mot / interrogative words, **2**

mot de passe: *m.* password, **9**

moteur de recherche: *m.* search engine, **9**

moto / à moto : *f.* motorcycle / by motorcycle, **3**

mourir: to die, **6**

mousse au chocolat: *f.* chocolate mousse, **5**

moutarde: *f.* mustard, **5**

moyenne: *f.* passing grade, **11**

muguet: *m.* lily of the valley, **7**

musculation / faire de la musculation: *f.* weight training / to train with weights, **10**

musée: *m.* museum, **3, 6**

musicien / musicienne: *m / f.* musician, **12**

musique / musique classique: *f.* music / classical music, **pré, 2, 11**

nager: to swim, **2, 3**

naïf / naïve: naive, **4**

naître: to be , born, **6**

natation / faire de la natation: *f.* swimming / to go swimming, **10**

nationalité: *f.* nationality, **2**

naviguer: to navigate, **9**

ne...jamais: never (Refer to Tex's French Grammar: Negation – Alternate forms of negation for correct formation and use.), **2**

nécessaire / Il est nécessaire de: necessary / It is necessary (to), **10**

neiger / Il neige.: to snow / It's snowing., **3**

nerveux / nerveuse: nervous, **4**

neuf: nine, **1**

neuvième: ninth, **6**

neveu: *m.* nephew, **2**

nez: *m.* nose, **4, 10**

nièce: *f.* niece, **2**

noces: *f pl*, wedding, **7**

Noël, le 25 décembre / Joyeux Noël!: *m.* Christmas / Merry Christmas! , **7**

noir(e): black, **4**

noix: *f.* walnut, **5**

nom (de famille): *m.* last name, **2**

nombre / nombres cardinaux / nombres ordinaux: *m.* number / cardinal numbers / ordinal numbers, **1, 3, 6**

non-alcoolisé(e) / boisson non-alcoolisée (f): non-alcoholic / non-alcoholic beverage, **5**

nord / dans le nord, au nord: *m.* north / in the north, **3**

Normandie: *f.* Normandy, **3**

note: *f.* grade, **11**

noter: to assign a grade, **11**

nouveau / nouvel / nouvelle: new, **4**

novembre: *m.* November, **1**

nuage / Il y a des nuages.: *m.* cloud / It's cloudy., **3**

numéro de téléphone: *m.* phone number, **9**

obéir à: to obey, **5**

(d') occasion: second-hand, **12**

occupé(e): busy, **11**

océan: *m.* ocean, **3**

océan Atlantique: *m.* Atlantic Ocean, **3**

Océanie: *f.* Oceania (the South Sea Islands), **2**

octobre: *m.* October, **1**

œil / yeux: *m.* eye / eyes, **4, 10**

oeuf: *m.* egg, **5**

office du tourisme: *m.* chamber of commerce, **6**

officiel / officielle: official, **1**

offrir: to give, to offer, **7, 13**

oignon: *m.* onion, **5**

omelette (aux fines herbes, au fromage, etc): *f.* omelette (with herbs, cheese), **5**

oncle: *m.* uncle, **2**

onze: eleven, **1**

onzième: eleventh, **6**

opticien / opticienne: *m / f.* optician, **12**

optimiste: optimistic, **4**

orage / Il y a des orages.: *m.* storm / There are storms., **3**

orange: *f.* orange, **5**

orange (invariable): orange (color), **4**

ordinateur: *m.* computer, **1, 8, 9**

ordre / en ordre: *m.* order / straightened up, **8**

oreille: *f.* ear, **4, 10**

s' orienter: to get your bearings, **6**

où: where, **2**

oublier: to forget, **2**

ouest / dans l'ouest, à l'ouest: *m.* west / in the west, **3**

ouvrier / ouvrière: *m / f.* blue collar worker, **12**

ouvrir: to open, **7**

P.D.G. (Président Directeur Général): *m.* CEO, **12**

PACS: *m.* PACS contract, **13**

se pacser: to enter a PACS contract , **13**

page d'accueil: *f.* homepage, **9**

pain: *m.* bread, **5**

pamplemousse: *m.* grapefruit, **5**

pantalon: *m.* pants (a pair of), **10**

papeterie: *f.* paper/stationery store, **6**

pâque juive / Pessach: *f.* Passover, **7**

Pâques / Joyeuses Pâques!: *m, f pl*, Easter / Happy Easter!, **7**

parc: *m.* park, **3, 6**

parce que: because, **2**

parents: *m pl*, parents, relatives , **2**

paresseux / paresseuse: lazy, **4**

parfois: at times, **2**

parking: *m.* parking lot, **6**

parler: to speak, **2**

se parler: to talk to (one another), **8**

partager: to share, **3**

partir: to leave, **3, 6**

pas / à deux pas (de): *m.* step / just a step from, **6**

passer: to pass, to go by (intransitive), to spend (time), **6, 9**

se passer de: to do without, **13**

passer l'aspirateur: to vacuum, to pass the vacuum cleaner, **8**

passer les vacances: *f pl*, spend a vacation, **3**

passer un examen: to take an exam, **11**

passe-temps (invariable): *m.* pastime, **2, 10**

passionnant(e): enthralling, fascinating, **12**

pâté: *m.* pâté, **5**

patient(e): patient, **4**

pâtisserie: *f.* pastry, pastry shop, **5, 6**

pâtissier / pâtissière / chez le pâtissier: *m / f.* pastry chef / at the pastry chef's, **5**

patron / patronne: *m / f.* boss, **12**

payer / payer des impôts: to pay / to pay taxes, **12**

pays: *m.* country, **2**

pêche: *f.* peach, **5**

peintre: *m.* painter, **12**

peinture: *f.* painting, **11**

peinture / faire de la peinture: *m.* painting / to paint (art), **10**

perdre: to lose, **6**

père: *m.* father, **2**

Père Noël: *m.* Santa Claus, **7**

personnalité (de la télévision, du cinéma, de la radio...): *f.* celebrity, **9**

personne: *f.* person, **3**

personnel / personnelles: personal, **2**

peser / Combien pesez-vous? (Je fais 55 kilos.): to weigh / How much do you weigh? (I weigh 55 kilos.), **4**

Pessach / la pâque juive: Passover, **7**

pessimiste: pessimistic, **4**

petit déjeuner: *m.* breakfast, **5**

petit pain: *m.* roll, **5**

petit(e): little, **4**

petite annonce: *f.* classified ad, **9, 12**

petit-enfant: *m.* grandchild, **2**

petits commerces: *m pl,* small businesses, **6**

petits pois: *m pl,* peas, **5**

peu / un peu / un peu de : little / a little / a little (+ noun), **2, 5**

pharmacie: *f.* pharmacy, **6, 11**

pharmacien /pharmacienne: *m / f.* pharmacist, **12**

philosophie: *f.* philosophy, **pré, 11**

physique: physical, **4**

physique: *f.* physics, **11**

piano / jouer du piano: *m.* piano / to play the piano, **2**

pichet / un pichet de: *m.* pitcher / a pitcher of, **5**

pièce: *f.* room (general term), **8**

pied / à pied: *m.* foot / on foot, **3, 10**

piercing: *m.* body piercing, **4**

pique-nique: *m.* picnic, **7**

placard: *m.* closet, cabinet, **8**

place: *f.* public square, **6**

plage : *f.* beach, **3**

plaisanter: to joke, **7**

planche à voile / faire de la planche à voile: *f.* sailboarding, windsurfing / to go sailboarding/windsurfing, **3, 10**

plat principal: *m.* main course, **5**

pleuvoir / Il pleut.: to rain / It's raining., **3**

plus tard: later, **2**

poignet: *m.* wrist, **10**

points cardinaux: *m pl,* points of the compass, **3**

pointu(e) / Il a le nez pointu.: pointed / He has a snub nose., **4**

poire: *f.* pear, **5**

poireau: *m.* leek, **5**

poisson: *m.* fish, **5**

Poisson d'avril!: April Fool!, **7**

poissonnerie / à la poissonnerie: *f.* seafood shop / at the seafood shop, **5**

poissonnier / poissonnière / chez le poissonnier: *m / f.* fish merchant / at the fish merchant's, **5**

Poissons: *m pl,* Pisces, **13**

poitrine: *f.* chest, **10**

poivre: *m.* pepper, **5**

poivron vert: *m.* green pepper, **5**

policier: *m.* police officer, **12**

polo: *m.* polo shirt, **10**

pomme: *f.* apple, **5**

pomme de terre: *f.* potato **5**

pont: *m.* bridge, **6**

porc: *m.* pork, **5**

portable: *m.* laptop, **9**

porte: *f.* door, **1**

portefeuille: *m.* portfolio (also, wallet), **13**

porter: to wear, **10**

portrait / le portrait physique / le portrait moral: *m.* portrait, description / physical description / psychological description , **4**

poste / poste à plein temps / poste à mi-temps: *m.* position, post / full-time position / half-time position, **12**

poubelle: *f.* trash can, **8**

poulet: *m.* chicken, **5**

pourquoi: why, **2**

pratique: practical, **8**

préférer: to prefer, **2**

préliminaire: preliminary, **pré**

premier avril / Poisson d'avril: *m.* April Fool's Day / April Fool!, **7**

premier, première: first, **6**

première (la): *f.* second year of high school (lycée), **11**

prendre: to take, **5**

prendre le métro, un taxi, etc. : to take the metro, a taxi, etc. , **6**

prendre un rendez-vous: to make an appointment, **12**

prendre un repas: to have a meal, **5**

prénom(s): *m.* first (and middle) name(s), **2**

près (de) / tout près: near, close / nearby, **6**

présentateur / présentatrice: *m / f.* newscaster, **9**

présentation: *f.* introduction, **1**

presse: *f.* press (the), **9**

prétentieux / prétentieuse: pretentious, **4**

printemps / au printemps: *m.* spring / in the spring, **3**

prix / prix intéressant: *m.* price / good price, **13**

prochain(e): next, **1, 11**

produit laitier: *m.* dairy product, **5**

professeur: *m.* teacher, professor, **1**

profession: *f.* profession, **2**

programme: *m.* television schedule, **9**

promenade / faire une promenade: *f.* walk / to go for a walk, to take a walk, **3, 10**

se promener: to take a, walk, to go for a walk, **4**

promotion: *f.* promotion, **12**

propre: clean, own, **8**

propriétaire: *m, f.* owner, **12**

Provence: *f.* Provence, **3**

province: *f.* province, **3**

psychologie: *f.* psychology, **pré, 11**

psychologue: *m, f.* psychologist, **12**

publicitaire: *m.* advertising agent, **12**

publicité / pub: *f.* commercial, **9**

pull: *m.* sweater, **10**

Pyrénées: *f pl,* Pyrenees, **3**

quand: when, **2**

quantité: *f.* quantity, **5**

quarante: forty, **1**

quartier: *m.* neighborhood, **6**

quatorze: fourteen, **1**

quatorzième: fourteenth, **6**

quatre: four, **1**

quatre-vingt-dix: ninety, **3**

quatre-vingt-dix-huit: ninety-eight, **3**

quatre-vingt-dix-neuf: ninety-nine, **3**

quatre-vingt-dix-sept : ninety-seven, **3**

quatre-vingt-douze: ninety-two, **3**

quatre-vingt-onze: ninety-one, **3**

quatre-vingt-quatorze: ninety-four, **3**

quatre-vingt-quinze: ninety-five, **3**

quatre-vingts: eighty, **3**

quatre-vingt-seize: ninety-six, **3**

quatre-vingt-treize: ninety-three, **3**

quatre-vingt-un: eighty-one, **3**

quatrième: fourth, **6**

quel / quelle / quels / quelles: which, **2**

quelquefois: sometimes, **2**

question / questions personnelles: *f.* question / personal questions, **2**

qui: who, **2**

quiche (lorraine, au saumon, etc): *f.* quiche (lorraine, with salmon, etc), **5**

quinze: fifteen, **1**

quinzième: fifteenth, **6**

quitter: to leave, **9, 11**

raccrocher: to hang up (the phone), **9**

radin / radine [slang]: miserly, stingy, **13**

radio: *f.* radio, **2, 9**

raide: straight, **4**

raisin: *m.* grape, **5**
Ramadan: *m.* Ramadan, **7**
randonnée / faire de la randonnée: *f.* a walk, hiking / to go hiking, **3, 10**
ranger : to straighten up, **8**
rappeler : to call back, **9**
rarement: rarely, **2**
se raser: to shave, **4**
rater: to fail, **11**
rayé(e) / un tee-shirt rayé: striped / striped T-shirt, **10**
réaliser (un projet): to accomplish / to finish a project, **12**
réaliste: realistic, **4**
recevoir: to receive, **7**
recevoir son diplôme: to graduate, to complete one's studies, **11**
redoubler: to repeat a grade/course, **11**
réfléchir à: to reflect (on), **5**
réfrigérateur: *m.* refrigerator, **8**
regarder la télévision: to watch television, **2**
région: *f.* region, **3**
régisseur: *m.* stage manager, **12**
régler (les frais d'inscription): to pay (one's tuition/fees), **11**
relation: *f.* relationship, **13**
rembourser: to reimburse, **13**
remplir un formulaire: to fill out a form, **12**
rencontrer: to meet, **2**
rendez-vous: *m.* appointment, date, **12, 13**
rendre: to hand in, give back, **6**
rendre visite à quelqu'un: to visit someone, **6**
renseignement: *m.* information, piece of information, **9**
se renseigner: to find out about, to get information, **11**
rentrée: *f.* beginning of school year, **11**
rentrer: to go home, to go back, **6**
repas: *m.* meal, **5**
repasser: to iron, **8**
répondeur (automatique): *m.* answering machine, **9**
répondre: to answer, **6**
reporter: *m.* reporter, **9**
se reposer: to rest, **4, 10**
réservé(e): reserved, **4**
résidence actuelle: *f.* current address, **2**
résidence universitaire: *f.* dormitory, university dorm, **8, 11**
restaurant: *m.* restaurant, **6**
restaurant universitaire (restau-U): *m.* university cafeteria, **11**
restaurateur: *m.* restaurant owner, **12**
rester / rester à la maison: to stay / to stay at home, **2, 6**
résultats: *m pl*, results, grades, **11**
retourner: to return, **6**
retraite: *f.* retirement, **12**
retraité / retraitée: *m / f.* retired man/woman, **1, 12**
retroussé(e) / Il a le nez retroussé: snub / He has a snub nose., **4**
réussir (à) (un examen): to pass an exam, to succeed (in), **11**

se réveiller: to wake up, **4**
réveillon: *m.* Christmas Eve or New Year's Eve party, **7**
réveillonner: to celebrate Christmas or New Year's Eve, **7**
rêver: to dream, **2**
rez-de-chaussée: *m.* ground floor, first floor, **8**
Rhône: *m.* Rhône (river), **3**
rhume: *m.* a cold, **10**
rite: *m.* ritual, **7**
robe: *f.* dress, **10**
roller / faire du roller: *m.* roller blading / to go roller blading, **10**
roman: *m.* novel, **9**
rompre: to break up, **13**
rond(e): round, **4**
Rosh Hashana: Rosh Hashana, **7**
rôti / un rôti de bœuf: *m.* roast / a beef roast, **5**
rouge: red, **4**
roux / rousse: red (hair), red-head, **4**
rue: *f.* street, **6**
sabbat / le shabbat: *m.* sabbath , **7**
sac à dos: *m.* backpack, **1**
Sagittaire: *m.* Sagittarius, **13**
Saint-Sylvestre, le 31 décembre: *f.* New Year's Eve, **7**
Saint-Valentin, le 14 février: *f.* Valentine's Day, **7**
saison: *f.* season, **3**
salade: *f.* salad, lettuce, **5**
salaire: *m.* salary, **12**
sale: dirty, **8**
salé(e): salty, **5**
salle à manger / dans la salle à manger...: *f.* dining room / in the dining room..., **8**
salle de bains / dans la salle de bains...: *f.* bathroom / in the bathroom..., **8**
salle de classe: *f.* classroom, **1, 11**
salle de séjour / dans la salle de séjour...: *f.* living room / in the living room..., **8**
salle de tchatche: *f.* chat room, **9**
salon: *m.* living room, **8**
Salut!: Hi!, **1**
salutation: *f.* greeting, **1**
samedi: *m.* Saturday, **1**
sandales: *f.* sandal, **10**
sandwich (jambon beurre): *m.* sandwich (with ham and butter), **5**
santé: *f.* health, **10**
sapin de Noël: *m.* Christmas tree, **7**
satisfait(e): satisfied, fulfilled, **13**
saucisse: *f.* sausage, **5**
saucisson: *m.* hard sausage, **5**
saumon: *m.* salmon, **5**
science: *f.* science, **pré, 11**
sciences politiques: *f pl*, political science, **pré, 11**
Scorpion: *m.* Scorpio, **13**
séance de T.D. (travaux dirigés) / un T.D: *f.* small discussion section, **11**
séance de T.P. (travaux pratiques) / un T.P: *f.* lab section, **11**
sèche-linge: *m.* dryer, **8**
sécher un cours: to skip a class, **11**

seconde (la): *f.* first year of high school (lycée), **11**

secrétaire: *m, f.* secretary, **12**

Seine: *f.* Seine (river), **3**

seize: sixteen, **1**

seizième: sixteenth, **6**

séjour: *m.* living room, **8**

sel: *m.* salt, **5**

semaine / la semaine prochaine / la semaine dernière: *f.* week / next week / last week, **1**

Sénégal: *m.* Senegal, **2**

sénégalais(e): Senegalese, **2**

sensible : sensitive, **4**

sept: seven, **1**

septembre: *m.* September, **1**

septième: seventh, **6**

série: *f.* series, **9**

sérieux / sérieuse: serious, **4**

serveur / serveuse: *m / f.* wait person, **12**

shabbat / le sabbat : *m.* sabbath, **7**

short: *m.* shorts, **10**

signe / Quel est ton signe?: *m.* sign, **13**

signet: *m.* bookmark, **9**

sincère: sincere, **4**

site: *m.* website, **9**

situation: *f.* position (employment), **12**

six: six, **1**

sixième: sixth, **6**

ski (alpin, nautique) / faire du ski: *m.* ski, skiing (snow, water) / to go skiing, **3, 10**

soap: *m.* soap opera, **9**

sociable: sociable, **4**

sociologie: *f.* sociology, **11**

soeur: *f.* sister, **2**

sofa: *m.* couch, **8**

soir: *m.* evening, **1**

soixante: sixty, **1**

soixante et onze: seventy-one, **3**

soixante-dix: seventy, **3**

soixante-dix-huit: seventy-eight, **3**

soixante-dix-neuf: seventy-nine, **3**

soixante-dix-sept : seventy-seven, **3**

soixante-douze: seventy-two, **3**

soixante-quatorze: seventy-four, **3**

soixante-quinze: seventy-five, **3**

soixante-seize: seventy-six, **3**

soixante-treize: seventy-three, **3**

sole: *f.* sole, **5**

soleil / Il y a du soleil.: *m.* sun / It's sunny., **3**

sombre: dark, **8**

somme / somme importante: *f.* amount / substantial amount, **13**

somnifère: *m.* sleeping pill, **10**

sortir: to go out, **3, 6**

souffler: to blow out (candles), **7**

soupe (à l'oignon): *f.* (onion) soup, **5**

sourcil: *m.* eyebrow, **4**

souris: *f.* mouse, **9**

sous: under, **6**

se souvenir (de): to remember, **8**

souvent: often, **2**

se spécialiser en… (langues, maths, etc): to major in…, **11**

sport: *m.* sports, **2**

sportif / sportive: athletic, **4, 10**

stade: *m.* stadium, **6**

stage: *m.* internship, **11**

stagiaire: *m, f.* intern, **1**

star: *f.* celebrity, **9**

station: *f.* radio station, **9**

steak-frites: *m.* steak and French fries, **5**

stressé(e): stressed , **10**

stylo: *m.* pen, **1**

sucré(e): sweet, **5**

sud / dans le sud, au sud: *m.* south / in the south, **3**

Suisse: *f.* Switzerland, **2**

suisse: Swiss, **2**

suivre: to take (a course), to follow, **11**

supermarché / au supermarché: *m.* supermarket / at the supermarket, **5, 6**

sur: on, **6**

surfer: to surf (the web), **9**

surprendre: to surprise, **5**

sweat: *m.* running suit, **10**

synagogue: *f.* synagogue, **6**

tabac: *m.* tobacco, **10**

table / à table : *f.* table / at the table, **5, 8**

table basse: *f.* coffee table, **8**

tableau: *m.* painting, **8**

tableau (noir): *m.* blackboard, **1**

tâches domestiques: *f pl*, household chores, **8**

taille / de taille moyenne / Quelle est votre taille? (Je fais 1 m. 60.): *f.* height, size / of medium height / What's your height? (I'm one meter 60.), **4**

tailleur: *m.* woman's suit, **10**

talon: *m.* heel, **10**

tante: *f.* aunt, **2**

tapis: *m.* area rug or carpet, **8**

tarte / tarte à la fraise / tarte au citron / tarte aux pommes: *f.* tart / strawberry tart / lemon tart / apple tart, **5**

tasse / une tasse de: *f.* cup / a cup of, a cupful, **5**

tatou: *m.* armadillo, **pré**

tatouage: *m.* tattoo, **4**

Taureau: *m.* Taurus, **13**

taxi / en taxi: *m.* taxi / by taxi, **3**

technicien / technicienne: *m / f.* technician, **12**

techno: *f.* techno, **2**

tee-shirt: *m.* T-shirt, **10**

télécharger: to download, **9**

télécommande: *f.* remote control, **9**

téléphone / au téléphone: *m.* telephone / on the phone, **8, 9**

téléphone portable: *m.* cell phone, **9**

téléphoner à : to telephone, **2**

téléspectateur / téléspectatrice : *m / f.* television spectator, **9**

télévision / télé: *f.* television / TV, **1, 8, 9**

temple: *m.* temple, **6**

temps: *m.* weather, **3**

tennis: *m.* tennis, **2**

tennis: *f pl*, tennis shoes, **10**

tennis / jouer au tennis: *m.* tennis / to play tennis, **2**

terminale (la): *f.* final year of high school (lycée), **11**

(se) terminer: to end, **9**

terrasse: *f.* terrace, **8**
tête: *f.* head, **4, 10**
têtu/ têtue: stubborn, **4**
thé: *m.* tea, **5**
théâtre: *m.* theater, **6**
thon: *m.* tuna, **5**
timide: shy, timid, **4**
toilettes: *f pl,* toilet, **8**
tolérant(e): tolerant, **4**
tomate: *f.* tomato **5**
tomber: to fall, **6**
tomber amoureux (de)/ amoureuse : to fall in love, **2**
tomber malade: to get sick, **10**
toujours: always, **2**
tourner: to turn, **6**
Toussaint, le 1er novembre: *f.* All Saints' Day , **7**
tout droit: straight ahead, **6**
tout près: nearby, **6**
tragique: tragic, **9**
train / en train: *m.* train / by train, **3**
traiteur: *m.* deli, catering shop, **6**
tranche / une tranche de: *f.* slice / a slice of, **5**
transports: *m pl,* means of transport, **3**
travail / au travail: *m.* work, job / to at work, **3, 12**
travailler: to work, **2**
travailleur / travailleuse: *m / f.* hard-working, **4**
traverser: to cross, **6**
treize: thirteen, **1**
treizième: thirteenth, **6**
trente: thirty, **1**
trois: three, **1**
troisième: third, **6**
tromper: to cheat on, **13**
trop de: too much (too many), **5**
se trouver: to be found/to be located, **6**
trouver : to find, **2**
Tunisie: *f.* Tunisia, **2**
tunisien(ne): Tunisian, **2**
un, une: one, **1**
université: *f.* university, **3, 6**
utile: useful, **12**
vacances / passer les vacances: *f pl,* vacation / to spend a vacation, **3**
vaisselle - See 'faire la vaiselle': , **8**
Vallée de la Loire: *f.* Loire Valley, **3**
valoir / Il vaut mieux + infinitive: to be, worth / It is advisable (to), It is better (to), **10**
veau: *m.* veal, **5**
vedette: *f.* celebrity, **9**
vélo / à vélo: *m.* bicycle, bike / by bicycle, **3**
vendeur / vendeuse: *m / f.* salesperson, **12**
vendre: to sell, **6**
vendredi: *m.* Friday, **1**
vent / Il y a du vent. : *m.* wind / It's windy., **3**
ventre: *m.* stomach, **10**
verbe / verbe pronominal / verbe réfléchi / verbe réciproque: *m.* verb / pronominal verb / reflexive verb / reciprocal verb, **4, 8**
verre / un verre de: *m.* glass / a glass of, a glassful, **5**
Verseau: *m.* Aquarius, **13**
vert(e): green, **4**
veste: *f.* jacket, **10**

viande: *f.* meat, **5**
Victoire 1945, le 8 mai: *f.* VE Day (Victory in Europe), **7**
vie / Que faites-vous dans la vie? : *f.* life / What do you do for a living?, **12**
vie professionnelle: *f.* professional life, **12**
Vierge: *f.* Virgo, **13**
Vietnam: *m.* Vietnam, **2**
vietnamien(ne): Vietnamese, **2**
vieux / vieil / vieille: old, **4**
ville / en ville: *f.* city, town / in the city, **3, 6**
vin / du vin blanc (du blanc) / du vin rosé (du rosé) / du vin rouge (du rouge): *m.* wine / white wine / rosé wine / red wine, **5**
vinaigre: *m.* vinegar, **5**
vingt: twenty, **1**
vingtième: twentieth, **6**
violent(e): violent, **9**
violet / violette: purple, **4**
visage: *m.* face, **4**
visiter… (un lieu, pas une personne): to visit… (a place, not a person), **3**
vitamine: *f.* vitamin, **10**
vivre ensemble: to live together , **13**
vocabulaire: *m.* vocabulary,
Voici : Here is … (here are…), This is…, **1**
Voilà: There is… (there are…), **1**
voile: *f.* sail, **3**
voiture / en voiture: *f.* car / by car, **3**
Vosges: *f pl* , Vosges, **3**
voyager: to travel, **2**
voyagiste: *m.* travel agent, **12**
W.C.: *m pl* , toilet, **8**
web: *m.* the Web, **9**
western: *m.* western, **9**
yaourt: *m.* yogurt, **5**
yeux / un œil: *m pl*, eyes / eye, **4, 10**
Yom Kippour: *m.* Yom Kippur, **7**

ENGLISH - FRENCH

a lot / a lot (of) : beaucoup / beaucoup de
to **accomplish / to finish a project** : réaliser (un projet)
account, (bank) account : compte (bancaire) *m*
accountant : comptable *m / f*
accounting : comptabilité *f*
action film : film d'action *m*
active : actif / active
activity : activité *f*
actor / actress : acteur / actrice *m / f*
to be **addicted, to have a habit** : être accro à (l'internet, à la télé…)[slang]
adjective / adjectives which precede the noun : adjectif / adjectifs qui précèdent le nom *m*
administrative district in a large city (e.g. Paris) : arrondissement *m*
to **adore** : adorer
adventure movie : film d'aventures *m*
adverb : adverbe *m*
advertising agent : publicitaire *m*

to do **aerobics** : faire de l'aérobique
aerobics / to do aerobics : aérobique / faire de l'aérobique *f*
AES - Public affairs : administration économique et sociale *f*
Africa : Afrique *f*
African : africain(e)
afternoon : après-midi *m, f*
age : âge *m*
airport : aéroport *m*
album : album *m*
alcoholic / alcoholic beverage : alcoolisé(e) / boisson alcoolisée (f)
Algeria : Algérie *f*
Algerian : algérien(ne)
All Saints' Day : Toussaint, le 1er novembre *f*
allergy : allergie *f*
alphabet : alphabet *m*
Alps : Alpes *f pl*
Alsace : Alsace *f*
also : aussi
always : toujours
ambitious : ambitieux / ambitieuse
America : Amérique *f*
American : américain(e)
amount / substantial amount : somme / somme importante *f*
amphitheater : amphithéâtre / amphi *m*
analyst-programmer : analyste-programmeur *m*
to get **angry** : se fâcher
ankle : cheville *f*
announcer : annonceur / annonceuse *m / f*
to **answer** : répondre
answering machine : répondeur (automatique) *m*
ant : fourmi *f*
apartment : appartement *m*
apartment building : immeuble *m*
apple : pomme *f*
to **apply for a job** : faire une demande d'emploi
appointment, date : rendez-vous *m*
April: avril *m*
April Fool! : Poisson d'avril!
April Fool's Day : premier avril *m*
Aquarius : Verseau *m*
architect : architecte *m*
architecture : architecture *f*
area rug or carpet : tapis *m*
to **argue (with one another)** : se disputer
Aries : Bélier *m*
arm : bras *m*
armadillo : tatou *m*
armchair : fauteuil *m*
Armistice Day : Armistice, le 11 novembre *m*
armoire : armoire *f*
to **arrive** : arriver
arrogant : arrogant(e)
art : art *m*
Ascension Day : Ascension *f*
Asia : Asie *f*
Asian : asiatique
to **ask (for)** : demander
asparagus : asperge *f*

to **assign a grade** : noter
at someone's house : chez
at times : parfois
athletic : sportif / sportive
Atlantic Ocean : océan Atlantique *m*
ATM (automatic teller machine) : distributeur automatique de billets *m*
to **attend** : assister (à)
to **attend class** : aller en cours
attic : grenier *m*
attorney : juriste *m, f*
August : août *m*
aunt : tante *f*
Australia : Australie *f*
Australian : australien(ne)
avenue : avenue *f*
baccalaureate exam : baccalauréat / bac *m*
back : dos *m*
backpack : sac à dos *m*
bad / It's bad (weather). : mauvais(e) / Il fait mauvais.
to **be bad in/at** : être mauvais(e) en
baguette : baguette *f*
baker / at the baker's : boulanger / boulangère / chez le boulanger *m / f*
bakery : boulangerie *f*
bakery-pastry shop / at the bakery-pastry shop : boulangerie-pâtisserie / à la boulangerie-pâtisserie *f*
balcony : balcon *m*
banana : banane *f*
bank : banque *f*
banker : banquier / banquière *m / f*
basketball : basket *m*
basketball shoes : baskets *f pl*
Bastille Day, French National Day : fête nationale, le 14 juillet *f*
bathroom / in the bathroom… : salle de bains / dans la salle de bains… *f*
bathtub : baignoire *f*
beach : plage *f*
beautiful : beau / bel / belle
because : parce que
bed / to make the bed : lit / faire le lit *m*
bedroom / in the bedroom… : chambre / dans la chambre… *f*
beef : boeuf *m*
beer : bière *f*
beginning of school year : rentrée *f*
behind : derrière
Belgian : belge
Belgium : Belgique *f*
to **believe** : croire
belt : ceinture *f*
benefits (health insurance, retirement plan, etc.) : avantages sociaux *m pl*
Best wishes! : Meilleurs Voeux!
to go **bicycle riding** : faire de la bicyclette
bicycle, bike : bicyclette *f*
bicycle, bike / by bicycle : bicyclette *f*; vélo *m.* / à vélo *m*
big, fat : gros / grosse
bill / telephone bill : facture / facture de téléphone *f*

biology : biologie *f*

birthday, anniversary / Happy Birthday! : anniversaire / Bon (Joyeux) anniversaire! *m*

black : noir(e)

blackboard : tableau (noir) *m*

blond : blond / blonde

blouse : chemisier *m*

to **blow out (candles)** : souffler

blue : bleu(e)

blue collar worker : ouvrier / ouvrière *m* / *f*

boat / by boat : bateau / en bateau *m*

to go **boating** : faire du bateau

body : corps (invariable) *m*

body piercing : piercing *m*

book : livre *m*

bookcase : étagère *f*

bookmark : signet *m*

bookstore : librairie *f*

boot : botte *f*

to be **bored** : s' ennuyer

boring : ennuyeux / ennuyeuse

to be **born** : naître

boss : patron / patronne *m* / *f*

bottle / a bottle of : bouteille / une bouteille de *f*

boulevard : boulevard *m*

boutique : boutique *f*

bowl / a bowl of, a bowlful : bol / un bol de *m*

brand : marque *f*

bread : pain *m*

to **break up** : rompre

breakfast : petit déjeuner *m*

bridge : pont *m*

bright, full of light : clair(e)

to **bring somebody (along)** : amener

brioche : brioche *f*

Brittany : Bretagne *f*

to **be broke** : être fauché(e) [slang]

brother : frère *m*

brown : marron (invariable)

brown (hair), brunette : brun / brune

light brown, chestnut : châtain (invariable)

to **brush your hair** : se brosser les cheveux

to **brush your teeth** : se brosser les dents

budget : budget

to **establish a budget** : faire un budget

to go **beyond one's budget** : dépasser son budget *m*

building : bâtiment *m*

bulletin board, newsgroup : forum *m*

Burgundy : Bourgogne *f*

from **Burgundy** : bourguignon (ne)

bus / by bus : bus / en bus *m*

a **business / business (in general)** : affaire / affaires *f*

business school : Ecole de commerce *f*

business, trade / small businesses : commerce / petits commerces *m*

busy : occupé(e)

butcher / at the butcher's : boucher / chez le boucher *m*

butcher shop / at the butcher shop : boucherie / à la boucherie *f*

butter : beurre *m*

buttocks : fesses *f pl*

button-up sweater : gilet *m*

to **buy** : acheter

cabbage : chou *m*

cafeteria : cafétéria *f*

café / at the café: café *m.* / au café

cake / chocolate cake : gâteau / gâteau au chocolat *m*

calendar / French calendar : calendrier / calendrier français *m*

to **call back** : rappeler

calm : calme

can / a can of : boîte / une boîte de *f*

Canada : Canada *m*

Canadian : canadien(ne)

Cancer : Cancer *m*

candle : bougie *f*

Candlemas : Chandeleur, le 2 février *f*

canoeing / to go canoeing : canoë / faire du canoë *m*

cap : casquette *f*

Capricorn : Capricorne *m*

car / by car : voiture / en voiture *f*

caramel custard : crème caramel *f*

card, map (of the world) / to play cards : carte (du monde) / jouer aux cartes *f*

cardinal : cardinal / cardinale / cardinaux / cardinales

career : carrière *f*

carpet (wall to wall) : moquette *f*

carrot : carotte *f*

cartoon : dessin animé *m*

cashier : caissier / caissière *m* / *f*

castle : château *m*

casual : décontracté(e)

cat : chat / chatte *m* / *f*

cathedral : cathédrale *f*

CD-rom : cédérom / CD-rom *m*

to **celebrate** : célébrer

to **celebrate** : fêter

to **celebrate Christmas or New Year's Eve** : réveillonner

celebrity : célébrité *f*, personnalité (de la télévision, du cinéma, de la radio…) *f*, star *f*, vedette *f*.

cell phone : téléphone portable *m*

cellar, wine cellar : cave *f*

center / in the center : centre / au centre *m*

CEO : P.D.G. (Président Directeur Général) *m*

cereal : céréales *f pl*

ceremony : cérémonie *f*

chair : chaise *f*

chalk : craie *f*

chamber of commerce : office du tourisme *m*

champagne : champagne *m*

to **change** : changer

channel : chaîne *f*

chapter : chapitre *m*

to **chat on-line** : dialoguer en direct

chat room : salle de tchatche *f*

to **cheat on** : tromper

cheek : joue *f*

cheese : fromage *m*

chemistry : chimie *f*

cherry : cerise *f*

chess / to play chess : échecs *m pl* / jouer aux échecs
chest : poitrine *f*
chest of drawers : commode *f*
chicken : poulet *m*
chicken (rooster) stewed in red wine : coq au vin *m*
child : enfant *m, f*
child-care expenses : frais de crèche *m pl*
child-care expenses : frais de garderie *m pl*
chin : menton *m*
China : Chine *f*
Chinese : chinois *m*
Chinese : chinois(e)
chiropractor: kinésithérapeute; kiné *m*
chocolate mousse : mousse au chocolat *f*
to choose : choisir
chopped : haché(e)
Christmas / Merry Christmas! : Noël, le 25 décembre / Joyeux Noël! *m*
Christmas Eve or New Year's Eve party : réveillon *m*
Christmas tree : sapin de Noël *m*
church : église *f*
city hall, mayor's office : hôtel de ville *m*, mairie *f*
city, town / in the city : ville / en ville *f*
civil servant, government worker : fonctionnaire *m, f*
class / in class / classroom : classe *f* / en classe / la salle de classe
class, course / class (math class…) / to attend class : cours (invariable) *m* / cours (de maths…) / aller en cours
classified ad : petite annonce *f*
classroom : salle de classe *f*
clean : propre
to click : cliquer
client, customer : client / cliente *m / f*
closet, cabinet : placard *m*
cloud / It's cloudy. : nuage / Il y a des nuages. *m*
coast / on the coast : côte / sur la côte *f*
coat : manteau *m*
cockroach : cafard *m*
cocktail (before dinner drink) : apéritif *m*
coffee table : table basse *f*
coffee : café *m*
cola : coca-cola *m*
a cold : rhume *m*
cold / It's cold (weather). : froid(e) / Il fait froid.
college, university : fac *f*
color : couleur *f*
comedy (movie, play) : comédie *f*
comfortable : confortable
comic strip : bande-dessinée *f*
commercial : publicité / pub *f*
communications : communications *f pl*
communications (subject matter) : communication *f*
company head, business owner : chef d'entreprise *m*
competitive : compétitif / compétitive
competitive entrance exam : concours (d'entrée) *m*
computer : ordinateur *m*
computer science : informatique *f*

computer scientist : informaticien / informaticienne *m / f*
concert / to go to a concert : concert / aller au concert *m*
continent : continent *m*
to continue : continuer
cook : cuisinier / cuisinière *m / f*
to cook : faire la cuisine
cool (weather) / It's cool (weather). : frais / Il fait frais.
corner / at the corner of : coin / au coin (de) *m*
to correct : corriger
Corsica : Corse *f*
to cost : coûter
costume : costume *m*
couch : canapé *m* , sofa *m*
country : campagne *f*
country : pays *m*
couple : couple *m*
cover letter (to accompany a CV) : lettre de motivation *f*
craftsman : artisan / artisane *m / f*
crazy : fou / folle
creative : créatif / créative
crème brûlée : crème brûlée *f*
crepe : crêpe *f*
critic (film, art, etc.) : critique (de films, d'art, etc.) *m, f*
croissant : croissant *m*
crop pants : corsaire *m*
croque -monsieur with a fried egg : croque-madame *m*
to cross : traverser
cucumber : concombre *m*
cup / a cup of, a cupful : tasse / une tasse de *f*
curious : curieux / curieuse
curly : bouclé(e)
current address : résidence actuelle *f*
current events : actualité *f*
custom : coutume *f*
cute : mignon / mignonne
cutlet, chop / a pork chop : côtelette / une côtelette de porc *f*
to go cycling : faire du cyclisme, faire du vélo
cycling : cyclisme *m*
dairy product : produit laitier *m*
to dance : danser
dance club, disco, nightclub : discothèque *f*
dark : sombre
date / What's the date? : date / Quelle est la date? *f*
daughter : fille *f*
day : jour *m*
dear: cher chère
December : décembre *m*
dee-jay : disc-jockey / DJ *m*
deli, catering shop : traiteur *m*
delicious : délicieux / délicieuse
dentist : dentiste *m, f*
desk, office / on the desk : bureau / sur le bureau *m*
dessert : dessert *m*
detective/police movie : film policier *m*
to detest : détester

dictionary : dictionnaire *m*

to **die** : mourir

to **be on a diet** : être au régime; faire un régime

difficult / It is difficult (to)... : difficile / Il est difficile de

dining room / in the dining room... : salle à manger / dans la salle à manger... *f*

dinner, supper : dîner *m*

diploma, degree : diplôme *m*

dirty : sale

disciplined : discipliné(e)

to **be discouraged** : se décourager

to **do the dishes** : faire la vaisselle

dishonest : malhonnête

dishwasher : lave-vaisselle *m*

disorderliness / messy : désordre / en désordre *m*

to **divorce, to get divorced** : divorcer

doctor, physician : médecin *m*

documentary : documentaire *m*

door : porte *f*

dormitory, university dorm : résidence universitaire *f*

to **download** : télécharger

downtown : centre-ville *m*

dozen / a dozen eggs : douzaine / une douzaine d'oeufs *f*

drama : drame *m*

drawing, design : dessin *m*

to **dream** : rêver

dress : robe *f*

to **dress (oneself)** : s' habiller

to **dress, to get dressed** : s' habiller

dressy : habillé(e)

to **drink** : boire

drink, beverage / non-alcoholic beverage / alcoholic beverage : boisson / boisson non-alcoolisée / boisson alcoolisée *f*

dryer : sèche-linge *m*

duck : canard *m*

dynamic : dynamique

ear : oreille *f*

to **earn / to earn a living / to earn money** : gagner / gagner sa vie / gagner de l'argent

east / in the east : est / dans l'est, à l'est *m*

Easter / Happy Easter! : Pâques / Joyeuses Pâques! *m, f pl*

easy / It is easy (to)... : facile / Il est facile de

to **eat** : manger

e-commerce : e-commerce *m*

economical, frugal : économe

economics : économie *f*

education, training : formation *f*

egg : oeuf *m*

eggplant : aubergine *f*

eight : huit

eighteen : dix-huit

eighteenth : dix-huitième

eighth : huitième

eighty : quatre-vingts

eighty-one : quatre-vingt-un

elbow : coude *m*

eleven : onze

eleventh : onzième

elite professional school : grande école *f*

e-mail : courrier électronique *m*, email *m*, mail *m*

employee (office employee) : employé / employée (de bureau) *m / f*

to **end** : (se) terminer

end / at the far end (of) : bout / au bout (de) *m*

engagement : fiançailles *pl*

engineer : ingénieur *m*

England : Angleterre *f*

English : anglais *m*

English : anglais(e)

English Channel : Manche *f*

enough : assez de

to **enter** : entrer

to **enter a PACS contract** : se pacser

enthralling, fascinating : passionnant(e)

enthusiastic : enthousiaste

entranceway : entrée *f*

errand / to do errands : course / faire des courses *f*

to do **errands** : faire des courses

essential / It is essential (to) : essentiel / essentielle / indispensable / Il est essentiel de / Il est indispensable de

euro (currency) : euro *m*

Europe : Europe *f*

European : européen(ne)

evening : soir *m*

executive : cadre *m*

exercise : exercice *m*

to **exercise** : faire du sport

exhibition, show : exposition *f*

expenses : dépenses *m pl*

expensive : cher / chère

expression / expressions of quantity : expression / expressions de quantité *f*

extended family : famille étendue *f*

eye / eyes : œil / yeux *m*

eyebrow : sourcil *m*

eyes : yeux *m pl*

face : visage *m*

to **fail** : rater

to **fall** : tomber

fall / in the fall : automne / en automne *m*

to **fall in love** : tomber amoureux (de)/ amoureuse

family : famille *f*

famous : célèbre

far : loin (de)

fashion : mode *f*

in fashion : à la mode; branché(e)

fashion designer, seamstress : couturier / couturière *m / f*

fashion show : défilé de mode *m*

father : père *m*

Father's Day : fête des pères *f*

feast of the Assumption : Assomption, le 15 août *f*

February : février *m*

fees : frais *mpl.*

to **feel like (to want to)** : avoir envie de

fiancé / fiancée : fiancé / fiancée *m / f*

fifteen : quinze

fifteenth : quinzième

fifth : cinquième
fifty : cinquante
to **fill out a form** : remplir un formulaire
final year of high school (lycée) : terminale (la) *f*
finances : finances *f pl*
to **find** : trouver
to **find out about, to get information** : se renseigner
finger : doigt *m*
to **finish** : finir
to **fire** : mettre à la porte
to **be fired** : être mis(e) à la porte
fireworks : feux d'artifice *m pl*
firm, business : entreprise *f;* boîte [slang] *f*
first : premier, première
first (and middle) name(s) : prénom(s) *m*
first course : entrée *f*
first year of high school (lycée) : seconde (la) *f*
fish : poisson *m*
fish merchant / at the fish merchant's : poissonnier
/ poissonnière / chez le poissonnier *m / f*
to **fit poorly** : aller mal
to **fit well** : aller bien
five : cinq
floral (print), with flowers / floral print dress : à
fleurs / une robe à fleurs
the **flu** : grippe *f*
fog / It's foggy. : brouillard / Il y a du brouillard. *m*
foot / on foot : pied / à pied *m*
forehead : front *m*
foreign : étranger / étrangère
forest : forêt *f*
to **forget** : oublier
fork / a forkful of : fourchette / une forchette de *f*
form : formulaire *m*
form: forme *f*
forty : quarante
to **be found/to be located** : se trouver
four : quatre
fourteen : quatorze
fourteenth : quatorzième
fourth : quatrième
foyer : hall d'entrée *m*
franc (currency) : franc *m*
France : France *f;* Hexagone *m*
frank : franc / franche
free : gratuit(e)
freezer : congélateur *m*
French : français *m*
French : français(e)
French Guyana : Guyane française *f*
fresh : frais / fraîche
Friday : vendredi *m*
fridge : frigo *m*
friend : ami / amie *m / f;* camarade *m, f*
friend (boyfriend / girlfriend): copain / copine *m / f*
fruit : fruit *m*
full/busy (referring to schedule) : chargé(e)
to have **fun** : s' amuser
funny : comique, drôle, marrant(e)
funny, amusing / It is fun (to)... : amusant(e) / Il est
amusant de
piece of furniture / furniture : meuble / meubles *m*

to **gain weight** : grossir
game show : jeu télévisé *m*
garage : garage *m*
garden, yard / park, large garden : jardin / jardin
public *m*
garlic : ail *m*
Garonne (river) : Garonne *f*
Gemini : Gémeaux *m pl*
generous : généreux / généreuse
geography : géographie *f*
German : allemand *m*
German : allemand(e)
Germany : Allemagne *f*
to **get along (with one another)** : s' entendre
to **get around (town)** : se déplacer (en ville)
to **get engaged** : se fiancer
to **get sick** : tomber malade
to **get up** : se lever
to **get your bearings** : s' orienter
gift : cadeau *m*
to **give** : donner
to **give, to offer** : offrir
glass / a glass of, a glassful : verre / un verre de *m*
glasses : lunettes *f pl*
to **go** : aller
to **go beyond one's budget** : dépasser son budget
to **go down, to go downstairs** : descendre
to **go home, to go back** : rentrer
to **go on foot** : aller à pied
to **go out** : sortir
to **go to a concert** : aller au concert
to **go to a nightclub, dance club** : aller en boîte;
aller en discothèque
to **go to bed** : se coucher
to **go to the movies** : aller au cinéma
to **go to the park** : aller au parc
to **go to the university** : aller à l'université
to **go up, to go upstairs, to climb** : monter
golf : golf *m*
good : bon / bonne
to **be good in/at** : être bon(ne) en
Good day (Hello) : Bonjour
Good evening : Bonsoir
Goodbye : Au revoir
government minister : ministre *m*
grade : note *f*
grade report : bulletin de notes *m*
to **graduate, to complete one's studies** : recevoir
son diplôme
gram / 50 grams of : gramme / 50 grammes de *m*
grandchild : petit-enfant *m*
grandfather : grand-père *m*
grandmother : grand-mère *f*
grandparents : grands-parents *m pl*
grape : raisin *m*
grapefruit : pamplemousse *m*
gray : gris(e)
green : vert(e)
green bean : haricot vert* *m*
green pepper : poivron vert *m*
greeting : salutation *f*
greeting card : carte de voeux *f*

grilled : grillé(e)
grocer / at the grocer's : épicier / épicière / chez l'épicier *m / f*
to **do the grocery shopping** : faire le marché
grocery store / at the grocery store : épicerie / à l'épicerie *f*
ground floor, first floor : rez-de-chaussée *m*
to **grow up** : grandir
guitar / to play the guitar : guitare / jouer de la guitare *f*
Guyanese : guyanais(e)
hair / to brush your hair / What color is your hair? : cheveux / se brosser les cheveux / De quelle couleur sont vos cheveux? *m pl*
hair dresser : coiffeur / coiffeuse *m / f*
hairstyle / What is his hair like? : coiffure / Comment est-il coiffé? *f*
Halloween : Halloween
hallway : couloir *m*
ham : jambon *m*
hand : main *f*
to **hand in, give back** : rendre
to **hang up (the phone)** : raccrocher
Hannukah : Hanouka
happy : heureux / heureuse
Happy Birthday! : Bon (Joyeux) anniversaire!
Happy Easter! : Joyeuses Pâques!
Happy New Year! : Bonne Année!
Happy Saint's Day! : Bonne fête!
hard, tough : dur(e)
hard-working : travailleur / travailleuse *m / f*
hat : chapeau *m*
to **have** : avoir
to **have a meal** : prendre un repas
have a nice meal! : Bon appétit!
to **have dinner** : dîner
to **have lunch** : déjeuner
to **have the means to** : avoir les moyens de
head : tête *f*
health : santé *f*
to **hear** : entendre
heel : talon *m*
height, size / of medium height / What's your height? (I'm one meter 60.) : taille / de taille moyenne / Quelle est votre taille? (Je fais 1 m. 60.) *f*
Hello... (phone) : Allô...
Here is ... (here are...), This is... : Voici
Hi! : Salut!
high school : lycée *m*
high school student : lycéen / lycéenne *m / f*
to go **hiking** : faire des randonnées
hip-hop : hip-hop *m*
to **hire / to be hired** : embaucher / être embauché(e)
history : histoire *f*
to make **home repairs or improvements** : bricoler
homepage : page d'accueil *f*
homework : devoirs *m pl*
to **do one's homework** : faire ses devoirs
honest : honnête
to **hope** : espérer
horoscope : horoscope *m*
horror movie : film d'épouvante *m*; film d'horreur *m*

hospital : hôpital *m*
hot / It's hot (weather). : chaud(e) / Il fait chaud.
hotel : hôtel *m*
house / at home : maison / à la maison *f*
household chores : tâches domestiques *f pl*
housekeeping : ménage / faire le ménage *m*
housewife : femme au foyer *f*
to **do housework** : faire le ménage
housing : logement *m*
how : comment
hundred (one hundred) / two hundred : cent / deux cents
to be **hungry** : avoir faim
to **hurry** : se dépêcher
to **hurt (body part) / (to have a headache, a backache, sore feet, etc)** : avoir mal à / (avoir mal à la tête, au dos, aux pieds, etc)
husband : mari *m*
hutch, buffet : buffet *m*
hypocritical : hypocrite
ice cream : glace *f*
idealistic : idéaliste
identification form : fiche d'identité *f*
Ile de France (Parisian region) : Ile de France (la région parisienne) *f*
illness : maladie *f*
impersonal expression : expression impersonnelle *f*
important / It is important (to) : important(e) / Il est important de
to **improve** : faire des progrès
in front of : devant
incapable, incompetent : incapable
indices (such as... Dow Jones Industrial Average (DJIA), NASDAQ) : indices (i.e., le CAC 40) *m pl*
indifferent : indifférent(e)
inexpensive : bon marché
infatuation-type love : amour passion *m*
information, piece of information: renseignement *n*
inheritance : héritage *m*
insurance : assurance *f*
intelligent : intelligent(e)
to **intend (to)** : avoir l'intention de
interesting : intéressant(e)
intern : stagiaire *m, f*
internet : internet *m*
internet user : internaute *m*
internship : stage *m*
interrogative : interrogatif / interrogative
intersection / at the intersection of : carrefour / au carrefour (de) *m*
interview : entretien *m*
introduction : présentation *f*
to **invite** : inviter
to **iron** : repasser
Italian : italien *m*
Italian : italien(ne)
Italy : Italie *f*
jacket : veste *f*
short jacket, leather jacket : blouson *m*
January : janvier *m*
Japan : Japon *m*
Japanese : japanese *m*

Japanese : japonais(e)

jazz : jazz *m*

jeans : jean *m*

job : emploi *m;* job *m;* boulot [slang] *m*

job application / to apply for a job : demande d'emploi / faire une demande d'emploi *f*

job market : marché du travail *m*

joke : blague *f*

to **joke** : plaisanter

juice / fruit juice : jus / jus de fruit *m*

July : juillet *m*

June : juin *m*

junior high, middle school : collège *m*

Jura (mountains) : Jura *m*

to go **kayaking** : faire du kayak

kayaking : kayak *m*

keyboard : clavier *m*

kilo / a kilo of : kilo / un kilo de *m*

kind, nice : gentil / gentille

to **kiss** : embrasser

to **kiss each other** : s' embrasser

kitchen, cooking / in the kitchen / to cook : cuisine / dans la cuisine / faire la cuisine *f*

knee : genou *m*

knife / a knife of, a knifeful : couteau / un couteau de *m*

lab section : séance de T.P. (travaux pratiques) / un T.P *f*

Labor Day : fête du Travail, le 1er mai *f*

laboratory / lab / in the lab : laboratoire / labo / au labo *m*

to **be laid off** : être licencié(e)

lake : lac *m*

lamp : lampe *f*

language : langue *f*

laptop : portable *m*

large lecture class : cours magistral / des cours magistraux *m*

last : dernier / dernière

to **last** : durer

last name : nom (de famille) *m*

later : plus tard

Latin : latin *m*

launderette : laverie *f*

laundry detergent : lessive *f*

to **do laundry** : faire la lessive

laundry room / in the laundry room : lingerie / dans la lingerie *f*

law : droit *m*

law school : Faculté de droit *f*

lawyer : avocat / avocate *m / f*

to **lay off / to be laid off** : licencier / être licencié(e)

lazy : paresseux / paresseuse

to **learn** : apprendre

to **leave** : laisser, partir, quitter

leek : poireau *m*

left / on the left : gauche / à gauche (de), sur votre gauche

leg : jambe *f*

lemon : citron *m*

Leo : Lion *m*

lettuce : laitue *f*

Libra : Balance *f*

library : bibliothèque *f*

life / What do you do for a living? : vie / Que faites-vous dans la vie? *f*

to **like, to love** : aimer

lily of the valley : muguet *m*

linguistics : linguistique *f*

link : lien *m*

to **listen to a live broadcast** : écouter en direct

to **listen to...** : écouter

listener : auditeur / auditrice *m / f*

liter / a liter of : litre / un litre de *m*

literature : littérature *f*

little : petit(e)

little / a little / a little (+ noun) : peu / un peu / un peu de

to **live** : habiter

to **live together** : vivre ensemble

living room : living *m;* salon *m;* séjour *m*

living room / in the living room... : salle de séjour / dans la salle de séjour... *f*

living together out of wedlock : concubinage *m*

Loire (river) : Loire *f*

Loire Valley : Vallée de la Loire *f*

long : long / longue

to **look for** : chercher

to **look for a job** : chercher une situation

long holiday weekend : faire le pont

Lorraine : Lorraine *f*

to **lose** : perdre

to **lose weight** : maigrir, mincir

love / the love of one's life : amour / grand amour *m*

love at first sight : coup de foudre *m*

to **love each other** : s' aimer

love life : amours *m pl*

the **love of one's life** : grand amour *m*

lunch : déjeuner *m*

Ma'am (Mrs.) / ladies : Madame / Mesdames *f*

magazine : magazine *m*

mail carrier : facteur *m*

mailbox : boîte aux lettres *f*

main course : plat principal *m*

to **major in...** : se spécialiser en... (langues, maths, etc)

major river (that flows to the sea) : fleuve *m*

to **make a donation** : faire un don

to **make an appointment** : prendre un rendez-vous

to **make an effort** : faire un effort

to **make the bed** : faire le lit

man : homme *m*

man's shirt : chemise *f*

to **manage, direct, organize** : gérer

management : gestion *f*

March : mars *m*

Mardi Gras, Carnival : Carnaval (Mardi Gras) *m*

market / at the market : marché / au marché *m*

marriage, wedding : mariage *m*

to **marry, to get married** : se marier

mass : messe *f*

Massif Central : Massif Central *m*

math : mathématiques / maths *f pl*

May : mai *m*

mayonnaise : mayonnaise *f*
meal : repas *m*
means of transport : transports *m pl*
meat : viande *f*
media : médias *m pl*
medicine : médecine *f*
medicine : médicament *m*
Mediterranean Sea : mer Méditerranée *f*
to **meet** : rencontrer
Merry Christmas! : Joyeux Noël!
message : message *m*
metro / by metro : métro / en métro *m*
Mexican : mexicain(e)
Mexico : Mexique *m*
microwave : four à micro-ondes *m*
migraine headache : migraine *f*
milk : lait *m*
million (one million) : million (1.000.000) *m*
mirror : miroir *m*
miserly : avare
miserly, stingy : radin / radine [slang]
Miss / ladies (unmarried) : Mademoiselle / Mesdemoiselles *f*
mistletoe : gui *m*
modern : moderne
Monday : lundi *m*
money : argent *m*
monitor : écran *m*
month : mois *m*
monument : monument *m*
mood, humor: humeur.*f*
to **be in a bad mood** : être de mauvaise humeur
to **be in a good mood** : être de bonne humeur
morning : matin *m*
Moroccan : marocain(e)
Morocco : Maroc *m*
mortgage : emprunt-logement *m*
mosque : mosquée *f*
mot / interrogative words : mot *m* / mots interrogatifs
mother : mère *f*
Mother's Day : fête des mères *f*
motorcycle / by motorcycle : moto *f* / à moto
mountain : montagne *f*
mouse : souris *f*
mouth : bouche *f*
to **move (change residences)** : déménager
movie : film *m*
movie theater, cinema / to go to the movies : cinéma *m* / aller au cinéma
museum : musée *m*
mushroom : champignon *m*
music / classical music : musique / musique classique *f*
musical comedy : comédie musicale *f*
musician : musicien / musicienne *m / f*
mustard : moutarde *f*
naive : naïf / naïve
national holiday : jour férié *m*
nationality : nationalité *f*
to **navigate** : naviguer
near, close / nearby : près (de) / tout près

nearby : tout près
necessary / It is necessary (to) : nécessaire / Il est nécessaire de
to be **necessary, must, have to (obligation) / It is necessary (to)** : falloir / Il faut + infinitive
neck : cou *m*
to **need** : avoir besoin de
neighborhood : quartier *m*
nephew : neveu *m*
nervous : nerveux / nerveuse
never: ne...jamais
new : nouveau / nouvel / nouvelle
New Year's Day / Happy New Year! : Jour de l'An *m*, le premier janvier / Bonne Année!
New Year's Eve : Saint-Sylvestre *f*, le 31 décembre
news : informations *f pl*
news show : magazine d'actualités (à la télévision) *m*
news stand : kiosque (à journaux) *m*
news, newspaper (national, regional) : journal (national, régional) *m*
newscaster : présentateur / présentatrice *m / f*
next : prochain(e)
nice (weather) / It's nice (weather). : beau / Il fait beau.
niece : nièce *f*
nightclub, dance club : boîte de nuit *f*
nine : neuf
nineteen : dix-neuf
nineteenth : dix-neuvième
ninety : quatre-vingt-dix
ninety-eight : quatre-vingt-dix-huit
ninety-five : quatre-vingt-quinze
ninety-four : quatre-vingt-quatorze
ninety-nine : quatre-vingt-dix-neuf
ninety-one : quatre-vingt-onze
ninety-seven : quatre-vingt-dix-sept
ninety-six : quatre-vingt-seize
ninety-three : quatre-vingt-treize
ninety-two : quatre-vingt-douze
ninth : neuvième
non-alcoholic / non-alcoholic beverage : non-alcoolisé(e) / boisson non-alcoolisée (f)
Normandy : Normandie *f*
north / in the north : nord / dans le nord, au nord *m*
North America : Amérique du Nord *f*
nose : nez *m*
notebook : cahier *m*
novel : roman *m*
November : novembre *m*
now : maintenant
number / cardinal numbers / ordinal numbers : nombre / nombres cardinaux / nombres ordinaux *m*
nurse : infirmier / infirmière *m / f*
to **obey** : obéir à
ocean : océan *m*
Oceania (the South Sea Islands) : Océanie *f*
October : octobre *m*
official : officiel / officielle
often : souvent
oil : huile *f*
old : ancien(ne)
old : vieux / vieil / vieille

omelette (with herbs, cheese) : omelette (aux fines herbes, au fromage, etc) *f*
on : sur
one : un, une
onion : oignon *m*
online : en-ligne
only child (female) : fille unique *f*
only child (male) : fils unique *m*
to open : ouvrir
optician : opticien / opticienne *m* / *f*
optimistic : optimiste
orange : orange *f*
orange (color) : orange (invariable)
to order / at the café, you order… : commander / au café, on commande…
order / straightened up : ordre *m* / en ordre
other : autre
out of style : démodé(e)
oven : four *m*
owner : propriétaire *m, f*
PACS contract : PACS *m*
pager : alphapage *m*
to paint (art) : faire de la peinture
painter : peintre *m*
painting : peinture *f*
painting : tableau *m*
painting / to paint (art) : peinture *m* / faire de la peinture
pants (a pair of) : pantalon *m*
paper / presentation : exposé oral *m*
paper/stationery store : papeterie *f*
parade, (military) parade : défilé (militaire) *m*
parents, relatives : parents *m pl*
park : parc *m*
parka : anorak *m*
parking lot : parking *m*
to party : faire la fête
to pass an exam, to succeed (in) : réussir (à) (un examen)
to pass, to go by (intransitive), to spend (time) : passer
passing grade : moyenne *f*
Passover : pâque juive / Pessach *f*
password : mot de passe *m*
pastime : passe-temps (invariable) *m*
pastry chef / at the pastry chef's : pâtissier / pâtissière / chez le pâtissier *m* / *f*
pastry, pastry shop : pâtisserie *f*
pâté : pâté *m*
patient : patient(e)
to pay (one's tuition/fees) : régler (les frais d'inscription)
to pay / to pay taxes : payer / payer des impôts
peach : pêche *f*
pear : poire *f*
peas : petits pois *m pl*
pen : stylo *m*
pencil : crayon *m*
people : gens *m pl*
pepper : poivre *m*
person : personne *f*
personal : personnel / personnelle

pessimistic : pessimiste
pharmacist : pharmacien /pharmacienne *m / f*
pharmacy : pharmacie *f*
philosophy : philosophie *f*
phone book : annuaire (téléphonique) *m*
phone booth, telephone booth : cabine téléphonique *f*
phone card : carte téléphonique *f*
phone number : numéro de téléphone *m*
physical : physique
physical education : EPS (éducation physique et sportive) *f*
physical therapist : kinésithérapeute; kiné *m*
physics : physique *f*
piano / to play the piano : piano / jouer du piano *m*
to pick up/answer (the phone) : décrocher
to try to pick up, to hit on, to flirt : draguer
picnic : pique-nique *m*
piece / a piece of : morceau / un morceau de *m*
body piercing : piercing *m.*
Pisces : Poissons *m pl*
pitcher / a pitcher of : pichet / un pichet de *m*
place : lieu *m*
plaid / plaid shirt : à carreaux / une chemise à carreaux
plane / by plane : avion / en avion *m*
plate / a plate of, a plateful : assiette / une assiette de *f*
to play an April Fools joke (on someone) : faire un poisson d'avril
to play… soccer / tennis / cards / chess / guitar / piano : jouer…au foot / au tennis / aux cartes / aux échecs / de la guitare / du piano /
pleasant : agréable
pointed / He has a snub nose. : pointu(e) / Il a le nez pointu.
points of the compass : points cardinaux *m pl*
police officer : policier *m*
political science : sciences politiques *f pl*
polo shirt : polo *m*
pork : porc *m*
pork butcher / at the pork butcher's : charcutier / charcutière / chez le charcutier *m / f*
pork butcher shop, delicatessen / at the pork butcher shop/delicatessen : charcuterie / à la charcuterie *f*
portfolio (also, wallet) : portefeuille *m*
portrait, description / physical description / psychological description : portrait / le portrait physique / le portrait moral *m*
position (employment) : situation *f*
position, post / full-time position / half-time position : poste / poste à plein temps / poste à mi-temps *m*
post office : bureau de poste *m*
poster : affiche *f*
potato : pomme de terre *f*
practical : pratique
to prefer : préférer
preliminary : préliminaire
press (the) : presse *f*
pretentious : prétentieux / prétentieuse

pretty : joli(e)
price / good price : prix / prix intéressant *m*
profession : profession *f*
profession, career, job : métier *m*
professional life : vie professionnelle *f*
promotion : promotion *f*
Provence : Provence *f*
province : province *f*
psychologist : psychologue *m, f*
psychology : psychologie *f*
public square : place *f*
purchase / to go shopping : achat / faire des achats *m*
purple : violet / violette
to **put (on)** : mettre
to **put aside, to save** : mettre de côté
to **put on make-up** : se maquiller
Pyrenees : Pyrénées *f pl*
quantity : quantité *f*
question / personal questions : question / questions personnelles *f*
quiche (lorraine, with salmon, etc) : quiche (lorraine, au saumon, etc) *f*
radio : radio *f*
radio station : station *f*
to **rain / It's raining.** : pleuvoir / Il pleut.
raincoat : imperméable *m*
Ramadan : Ramadan *m*
rarely : rarement
raspberry : framboise *f*
raw vegetables with vinaigrette : crudités *f.pl*
to **read** : lire
realistic : réaliste
rear, behind : derrière *m*
to **receive** : recevoir
to **receive a passing grade** : avoir la moyenne
red : rouge
red (hair), red-head : roux / rousse
to **reflect (on)** : réfléchir à
refrigerator : réfrigérateur *m*
region : région *f*
to **register/enroll (in college, in the film club...)** : s'inscrire (à la fac, au ciné-club…)
to **reimburse** : rembourser
relationship : relation *f*
to **relax** : se détendre
to **remember** : se souvenir (de)
remote control : télécommande *f*
to **rent** : louer
rent : loyer *m*
to **repeat a grade/course** : redoubler
reporter : reporter *m*
reporter, journalist : journaliste *m, f*
researcher : chercheur *m*
reserved : réservé(e)
resourceful : débrouillard(e)
to **rest** : se reposer
restaurant : restaurant *m*
restaurant owner : restaurateur *m*
results, grades : résultats *m pl*
résumé : curriculum vitae (CV) *m*
retired man/woman : retraité / retraitée *m / f*

retirement : retraite *f*
to **return** : retourner
Rhône (river) : Rhône *m*
right / on the right / straight ahead : droit(e) / à droite (de), sur votre droite / tout droit
ritual : rite *m*
the **Riviera** : Côte d'Azur *f*
roast / a beef roast : rôti / un rôti de bœuf *m*
rock-climbing / to go rock-climbing : escalade / faire de l'escalade *f*
roll : petit pain *m*
roller blading : roller *m*
to go **roller blading**: faire du roller
romantic movie : film d'amour *m*
room (general term) : pièce *f*
Rosh Hashana : Rosh Hashana
round : rond(e)
to go **running** : faire de la course à pied
to go **running** : faire du footing
running / to go running : course à pied *f*; footing / faire de la course à pied / faire du footing
running suit : sweat *m*
sabbath : shabbat / le sabbat *m*
Sagittarius : Sagittaire *m*
sail : voile *f*
sailboarding, windsurfing / to go sailboarding/windsurfing : planche à voile / faire de la planche à voile *f*
to go **sailing** : faire de la voile
saint's day, celebration, party / holidays / Happy Saint's Day! : fête / fêtes / Bonne fête! *f*
salad, lettuce : salade *f*
salary : salaire *m*
to **be on sale** : être en solde
salesperson : vendeur / vendeuse *m / f*
salmon : saumon *m*
salt : sel *m*
salty : salé(e)
sandal : sandales *f*
sandwich (with ham and butter) : sandwich (jambon beurre) *m*
Santa Claus : Père Noël *m*
satisfied, fulfilled : satisfait(e)
Saturday : samedi *m*
sausage : saucisse *f*
hard **sausage** : saucisson *m*
to **save money** : faire des économies
savings and loan association : caisse d'épargne *f*
scar : cicatrice *f*
schedule : emploi du temps *m*
school : école *f*
school of fine arts : Faculté des Beaux-Arts *f*
school of humanities/liberal arts : Faculté des lettres et des sciences humaines *f*
school of medicine : Faculté de médecine *f*
school of pharmacy : Faculté de pharmacie *f*
school of sciences : Faculté des sciences *f*
science : science *f*
science-fiction movie : film de science-fiction *m*
Scorpio : Scorpion *m*
sea : mer *f*

seafood shop / at the seafood shop : poissonnerie / à la poissonnerie *f*

search engine : moteur de recherche *m*

season : saison *f*

second : deuxième

second year of high school (lycée) : (la) première *f*

second-hand : (d') occasion

secretary : secrétaire *m, f*

Seine (river) : Seine *f*

selfish : égoïste

to **sell** : vendre

Senegal : Sénégal *m*

Senegalese : sénégalais(e)

sensitive : sensible

September : septembre *m*

series : feuilleton *m*; série *f*

serious : sérieux / sérieuse

seven : sept

seventeen : dix-sept

seventeenth : dix-septième

seventh : septième

seventy : soixante-dix

seventy-eight : soixante-dix-huit

seventy-five : soixante-quinze

seventy-four : soixante-quatorze

seventy-nine : soixante-dix-neuf

seventy-one : soixante et onze

seventy-seven : soixante-dix-sept

seventy-six : soixante-seize

seventy-three : soixante-treize

seventy-two : soixante-douze

to **be in shape** : être en forme

to **share** : partager

shareholder : actionnaire *m, f*

to **shave** : se raser

shoe : chaussure *f*

shopkeeper, store owner : commerçant / commerçante *m / f*

to go **shopping** : faire des achats

shopping center, mall : centre commercial *m*

short : court(e)

shorts : short *m*

show : émission *f*

to **show** : montrer

shower : douche *f*

shy, timid : timide

sick / to get sick : malade / tomber malade

side / beside, next to : côté / à côté (de) *m*

side, face / facing, opposite : face / en face (de) *f*

sign / What is your sign? : signe / Quel est ton signe? *m*

sincere : sincère

to **sing** : chanter

singer : chanteur / chanteuse *m / f*

sink (kitchen) : évier *m*

sink (bathroom) : lavabo *m*

Sir / gentlemen : Monsieur / Messieurs *m*

sister : soeur *f*

six : six

sixteen : seize

sixteenth : seizième

sixth : sixième

sixty : soixante

ski, skiing (snow, water) / to go skiing : ski (alpin, nautique) / faire du ski *m*

to **skip a class** : sécher un cours

skirt : jupe *f*

to **sleep** : dormir

sleeping pill : somnifère *m*

slice / a slice of : tranche / une tranche de *f*

small businesses : petits commerces *m pl*

small discussion section : séance de T.D. (travaux dirigés) / un T.D *f*

to **smoke** : fumer

snack : goûter *m*

snail : escargot *m*

to **snow / It's snowing.** : neiger / Il neige.

snub / He has a snub nose. : retroussé(e) / Il a le nez retroussé

soap opera : soap *m*

soccer : football *m*

sociable : sociable

social worker : assistante sociale *f*

sociology : sociologie *f*

sock : chaussette *f*

soldier : militaire *m*

sole : sole *f*

sometimes : quelquefois

son : fils *m*

song : chanson *f*

soon / see you soon : bientôt / à bientôt

(onion) soup : soupe (à l'oignon) *f*

south / in the south : sud / dans le sud, au sud *m*

South America : Amérique du Sud *f*

Spain : Espagne *f*

Spanish : espagnol *m*

Spanish : espagnol(e)

to **speak** : parler

to **spend** : dépenser

spend a vacation : passer les vacances *f pl*

spendthrift : dépensier / dépensière *m / f*

spice : épice *f*

spicy : épicé(e)

spinach : épinard *m*

spoon / a spoonful of : cuillère / une cuillère de *f*

sports : sport *m*

spring / in the spring : printemps / au printemps *m*

square : carré(e)

squirrel : écureuil *m*

stadium : stade *m*

stage manager : régisseur *m*

staircase, stairs : escalier *m*

to **stay / to stay at home** : rester / rester à la maison

steak and French fries : steak-frites *m*

step / just a step from : pas / à deux pas (de) *m*

stereo : chaîne-stéréo *f*

stock market / (Paris) stock market : bourse / bourse (de Paris) *f*

stocks : actions *f pl*

stomach : ventre *m*

store (music, video, etc.) : magasin (de musique, de vidéo, etc.) *m*

storm / There are storms. : orage / Il y a des orages. *m*

stove : cuisinière *f*
straight : raide
straight ahead : tout droit
to **straighten up** : ranger
strawberry : fraise *f*
street : rue *f*
stressed : stressé(e)
striped / striped T-shirt : rayé(e) / un tee-shirt rayé
stubborn : têtu/ têtue
student / I am a student in...(French, math, etc.) : étudiant / étudiante / Je suis étudiant(e) en... (français, maths, etc.) *m / f*
student ID card : carte d'étudiant *f*
student paper : copie *f*
student who has passed the bac : bachelier / bachelière *m / f*
to **study** : étudier
study / high school studies / university studies : étude / études secondaires / études supérieures *f*
subject (school) : matière *f*
subscription : abonnement *m*
suburbs : banlieue *f*
to **suck in/at [slang]** : être nul(le) en [slang]
man's **suit** : costume *m*
woman's **suit** : tailleur *m*
summer / in the summer : été / en été *m*
sun / It's sunny. : soleil / Il y a du soleil. *m*
Sunday : dimanche *m*
sunglasses : lunettes de soleil *f pl*
supermarket / at the supermarket : supermarché / au supermarché *m*
to **surf (the web)** : surfer
to **surprise** : surprendre
sweater : pull *m*
sweet : sucré(e)
to **swim** : nager
to go **swimming** : faire de la natation
swimming / to go swimming : natation / faire de la natation *f*
swimsuit : maillot de bain *m*
Swiss : suisse
Switzerland : Suisse *f*
synagogue : synagogue *f*
table / at the table : table / à table *f*
to **take** : prendre
to **take (a course), to follow** : suivre
to **take an exam** : passer un examen
to **take somebody (along)** : emmener
to **take the metro, a taxi, etc.** : prendre le métro, un taxi, etc.
to **talk to (one another)** : se parler
tall, big : grand(e)
tart / strawberry tart / lemon tart / apple tart : tarte / tarte à la fraise / tarte au citron / tarte aux pommes *f*
tattoo : tatouage *m*
Taurus : Taureau *m*
tax / to pay taxes : impôt / payer des impôts *m*
taxi / by taxi : taxi / en taxi *m*
tea : thé *m*
to **teach someone** : apprendre à quelqu'un
teacher : enseignant *m*

teacher (elementary school) : instituteur / institutrice *m / f*
teacher, professor : professeur *m*
technician : technicien / technicienne *m / f*
techno : techno *f*
to **telephone** : téléphoner à
telephone / on the phone : téléphone / au téléphone *m*
television / TV : télévision / télé *f*
television schedule : programme *m*
television spectator : téléspectateur / téléspectatrice *m / f*
temple : temple *m*
ten : dix
tennis / to play tennis : tennis / jouer au tennis *m*
tennis shoes : tennis *f pl*
tenth : dixième
term paper : mémoire *m*
terminal connected to the French telecommunications system : minitel *m*
terrace : terrasse *f*
test, exam : contrôle *m,* examen *m*
theater : théâtre *m*
There is, there are... : Il y a
There is... (there are...) : Voilà
thin, skinny : maigre
thin, slender : mince
third : troisième
to be **thirsty** : avoir soif
thirteen : treize
thirteenth : treizième
thirty : trente
three : trois
throat : gorge *f*
Thursday : jeudi *m*
tie : cravate *f*
time (the), hour / official time : heure / l'heure officielle *f*
tiring, annoying / It is tiring/annoying (to)... : fatiguant(e) / Il est fatiguant de
toasted cheese sandwich with ham : croque-monsieur *m*
tobacco : tabac *m*
tobacco shop : bureau de tabac *m*
today : aujourd'hui
toilet : toilettes *f pl;* W.C. *m pl*
tolerant : tolérant(e)
tomato : tomate *f*
tomorrow / see you tomorrow : demain / à demain
too much (too many) : trop de
tooth / teeth / to brush your teeth : dent / dents / se brosser les dents *f*
tour bus / by tour bus : car *m* / en car
tragic : tragique
train / by train : train / en train *m*
train station : gare *f*
to **train with weights** : faire de la musculation
to **be transferred** : être muté(e)
trash can : poubelle *f*
to **travel** : voyager
travel agent : agent de voyage *m,* voyagiste *m*
to **try** : essayer

T-shirt : tee-shirt *m*
Tuesday : mardi *m*
tuition, education expenses : frais de scolarité *m pl*
tuna : thon *m*
Tunisia : Tunisie *f*
Tunisian : tunisien(ne)
turkey : dinde *f*
to **turn** : tourner
twelfth : douzième
twelve : douze
twentieth : vingtième
twenty : vingt
two : deux
uncle : oncle *m*
under : sous
to **understand** : comprendre
unemployed person : chômeur / chômeuse *m* / *f*
unemployment : chômage *m*
United States : Etats Unis *m pl*
university : université *f*
university cafeteria : restaurant universitaire (restau-U) *m*
unpleasant : désagréable
to **update** : mettre à jour
useful : utile
useless : inutile
vacation / to spend a vacation : vacances / passer les vacances *f pl*
vacation day : congé *m*
vacuum cleaner : aspirateur *m*
to **vacuum** : passer l'aspirateur
Valentine's Day : Saint-Valentin, le 14 février *f*
variety show : émission de variétés *f*
VE Day (Victory in Europe) : Victoire 1945, le 8 mai *f*
veal : veau *m*
vegetable : légume *m*
verb / pronominal verb / reflexive verb / reciprocal verb : verbe / verbe pronominal / verbe réfléchi / verbe réciproque *m*
videocassette recorder, VCR : magnétoscope *m*
Vietnam : Vietnam *m*
Vietnamese : vietnamien(ne)
vinegar : vinaigre *m*
violent : violent(e)
Virgo : Vierge *f*
virtual postcard : carte postale virtuelle *f*
to **visit someone** : rendre visite à quelqu'un
to **visit... (a place)** : visiter... (un lieu)
vitamin : vitamine *f*
vocabulary : vocabulaire *m*
Vosges : Vosges *f pl*
to **wait for** : attendre
waiter / waitress : serveur / serveuse *m* / *f*
to **wake up** : se réveiller
a **walk** : randonnée *f*, promenade *f*
to **walk** : marcher
to go for a walk, to take a walk : faire une promenade *f*, se promener; **to go hiking** : faire des randonnées *f*
walnut : noix *f*
to **wash (oneself)** : se laver

washing machine : lave-linge *m*
to **waste** : gaspiller
to **watch television** : regarder la télévision
water / mineral water : eau / eau minérale *f*
to **wear** : porter
weather : temps *m*
weather report : météo *f*
the **web** : web *m*
website : site *m*
wedding : noces *f pl*
wedding anniversary : anniversaire de mariage *m*
Wednesday : mercredi *m*
week / next week / last week : semaine / la semaine prochaine / la semaine dernière *f*
to **weigh / How much do you weigh? (I weigh 55 kilos.)** : peser / Combien pesez-vous? (Je fais 55 kilos.)
weight training / to train with weights : musculation / faire de la musculation *f*
west / in the west : ouest / dans l'ouest, à l'ouest *m*
western : western *m*
when : quand
where : où
which : quel / quelle / quels / quelles
white : blanc / blanche
who : qui
why : pourquoi
wind / It's windy. : vent / Il y a du vent. *m*
window : fenêtre *f*
to go **windsurfing, sailboarding** : faire de la planche à voile
wine / white wine / rosé wine / red wine : vin / du vin blanc (du blanc) / du vin rosé (du rosé) / du vin rouge (du rouge) *m*
winter / in the winter : hiver / en hiver *m*
to do **without** : **se** passer de
woman, wife : femme *f*
to **work** : travailler
work, job / to, at work : travail / au travail *m*
world / working world : monde / monde du travail *m*
to **worry** : s' inquiéter
to be **worth / It is advisable (to), It is better (to)** : valoir / Il vaut mieux + infinitive
wrist : poignet *m*
writer : écrivain *m*
year : année *f*
yellow : jaune
yogurt : yaourt *m*
Yom Kippur : Yom Kippour *m*
young : jeune
Yule log (also a cake in the shape of a Yule log) : bûche de Noël *f*
zucchini : courgette *f*

www.ingramcontent.com/pod-product-compliance
Lightning Source LLC
Chambersburg PA
CBHW080517090426
42734CB00015B/3083